Birgit Fuchs

Spiele fürs Gruppenklima

Don Bosco

Die Deutsche Bibliothek – CIP-Einheitsaufnahme

Fuchs, Birgit :
Spiele fürs Gruppenklima / Birgit Fuchs. – 1. Aufl. – München :
Don Bosco, 1998
  ISBN 3-7698-1083-X

1. Auflage 1998 / ISBN 3-7698-1083-X
© 1998 Don Bosco Verlag, München
Umschlag und Illustration: Felix Weinold
Gesamtherstellung: Don Bosco Grafischer Betrieb, Ensdorf

Gedruckt auf umweltfreundlichem Papier.

Inhalt

Einführung in das Thema 11

I. Ich bin ich – und wer bist du?
Wahrnehmungsspiele 15
  1. Idol-Spiele 16
  2. Wattierte Botschaften 17
  3. Blitz-Check 18
  4. Gedankenlesen 18
  5. Die Anti-Sucht-Pantomime 19
  6. Der Tagesbericht 20
  7. Körpergespräche 21
  8. Die Gruppen-Wetterkarte 21
  9. Was sagt ein Gesicht? 22
 10. Gruppeneintopf 23
 11. Das Wunschbuch 24
 12. Die Werbefalle 24
 13. Die Klecksfamilie 25
 14. Der Hüpfwurm 26
 15. Gespensterraten 26
 16. Die Freu-Liste 26
 17. Der Gruppenkalender 27
 18. Tick-Tack-Tick 28
 19. Einfach tierisch 28
 20. Kontaktsticker 30

II. Die kleine große Wut im Bauch
Aggressionsspiele 31
 21. Das Streitprotokoll 32
 22. Kompositionen in Hass-Dur 33
 23. Sockenmurmeln 34
 24. Frustbilder in Eis 35

25. Einander den Kopf waschen 36
26. Sauer in Salz 36
27. Spezialwörterheft für Erfinder 37
28. Popo-Softball 38
29. Ballonangriff 38
30. Das Reiß-Fest 39
31. Achtung, Wutanfall! 39
32. Befreiungstänze 40
33. Der Motzfrosch 41
34. Katz und Maus 41
35. Zitronenduell 42
36. Klatsch-Knall-Peng 42
37. Schiebung 43
38. Der Angriff der Wölfe 43
39. Knastgummi 44
40. Abkegeln 45

III. Marmor, Stein und Eisen bricht …
Versöhnungs- und Ruhespiele 46
41. Das Baby will schlafen 47
42. Traumschaukeln 47
43. Ein Merkzettel für Karla 48
44. Schnüffel-Klamotten 48
45. Die Küsschenkette 49
46. Drei Wünsche 49
47. Der Schatz im Kühlschrank 50
48. Konzept der Harmonie 51
49. Der Friedenscocktail 51
50. In der Maske 52
51. Sumserei 53
52. Der Versöhnungskuchen 53
53. Eine Rate-Massage 54
54. Finger im Fühlsack 54
55. „Wenn ich du wäre …" 55
56. Tischtuchreigen 57

57. Das Maskottchen	57
58. Schau mir in die Augen, Kleines	58
59. Herz ist Trumpf	58
60. Tief durchatmen	59

IV. Wenn der Hans noch Hänschen heißt

Autonomiespiele	60
61. Hier wohnt ...	62
62. Heute ist Bestimmer-Tag	62
63. Tina-Burger und Nina-Nudel	63
64. Ein Name wie aus dem Bilderbuch	63
65. Blumenkönig und Blumenkönigin	64
66. Mein Ich-Täschchen	65
67. Ich bin's	66
68. Löwe, Vogel, Maus	66
69. Größometer-Bilder	68
70. Kontakt-Ampeln	69
71. Das Wunschhotel	70
72. Open-End	71
73. Programmansage	71
74. Kaiser, wir wollen zu dir	72
75. Die Sonne geht auf	72
76. Autor von Beruf	73
77. Die Stunde der Wahrheit	74
78. Ich stelle mich vor	74
79. Die Bonjour-Tüte	75
80. Künstler und ihre Namen	76

V. Bei Hempels unterm Sofa

Ordnungsspiele	77
81. Schlamper-Pfänden	77
82. Kü-Wo-Ki	78
83. Räumungs-Schnipp-Schnapp	79
84. Kellner würfeln	80

85. Jobs verpfeifen 80
86. Hänsel und Gretel 81
87. Bierdeckel puzzeln 82
88. Logische Eier 82
89. Über Wörterbrücken zum Ziel 83
90. Nussolini 84
91. Das Geldzählbrett 85
92. Das Krimskramsbüro 86
93. Wie ist was? 87
94. Knödelpost 88
95. Kling-Klang-Gloria 89
96. Kisten-Listen 89
97. Schau genau! 90
98. Der Lolly-Test 91
99. Tüfteldüfte 91
100. Landschaftsbilder 92

VI. Kurze Spiele gegen Langeweile
Unterhaltsame Spiele 93
101. Klammern würfeln 93
102. Wannenwichtel von der Rolle 94
103. Glanzbilder 95
104. Fliegenklatschen-Tennis 96
105. Früchtespieße – gewürfelt 96
106. Der Rücksitzblock 97
107. Wedel-Ei 97
108. Sternschnuppen 98
109. Wein-berg-schnek-ke 98
110. Wollsuppe 99
111. Natur-Mandalas 99
112. Lustige Viechereien 100
113. Kleine Wunder 101
114. Rosinenmännchen 102
115. Seifenopern 103
116. Knotenwettlauf 103

117. Die Wasserbombenbahn 104
118. Willkommen in Rudis Rafinesse-Verein 105
119. Staffel-Stift 106
120. Der Kuckuck im Nest 106

VII. Der Ernst des Lebens
Lernspiele 108
121. Nachrichten-Bingo 109
122. Zehendiktat 109
123. Aus dem Ärmel geschüttelt 110
124. Ballonmathematik 110
125. Waschklammerneinmaleins 111
126. Englisches Memory 112
127. Reporter „P" 113
128. Schätzungsweise ungefähr 113
129. Flohmarkt 113
130. Zahlen-Klatsch 114
131. Lupenrein 115
132. Kniebeugen-Einmaleins 116
133. Kurze Geschichten 116
134. Die Ü-Ei-Börse 117
135. Geheimwörter 118
136. Mein Spezialgebiet 118
137. Das Buch des Wissens 119
138. Die Allround-Ralley 119
139. Buchstaben-Quiz 120
140. Die Bücherwaage 121

VIII. Schönes Wochenende
Freizeitspiele 123
141. Kirschentauchen 124
142. Betondatschi mit Tritt 125
143. Flöhe fangen 126
144. Therapiekarteln 126

145. Die Mitternachts-Baumparty 127
146. Familie Löwenzahn 127
147. Gruppen-Trikots 128
148. Bei den Grasindianern 129
149. Sternchenwürfeln 129
150. Bitte lächeln! 130
151. Kaugummibilliard 130
152. Gestik-Memo 131
153. Ballonstaffel 132
154. Das Restaurant zur Freude 132
155. Glücksfenster 133
156. Doppelt gemoppelt 134
157. Straßenmaler 134
158. Sonne und Meer 135
159. Klecksjagd 135
160. Rückenrätsel 136

Einführung in das Thema

Wie Ärger, Wut oder Enttäuschung entstehen
In diesem Buch geht es um die Verbesserung des sozialen Klimas in Familie und Gruppe.
Nun, – wann gibt es Ärger in einer Gruppe?
Wann ärgert sich ein Mensch?
Zum Beispiel, wenn er sich ungerecht behandelt oder missverstanden fühlt. Wenn er gehänselt, überfordert, unterfordert, angegriffen oder einfach übersehen wird. Wenn er keine Freunde hat oder wenn ihm die falschen zur Seite stehen etc. Schlechte Stimmung entsteht auch, wenn zu große Verantwortung übertragen wird, wenn unendliche Langeweile, räumliche Enge, permanente Kontrolle oder Sprachlosigkeit der Umgebung den Handlungsspielraum drastisch reduzieren.
All diese Faktoren können das Selbstbewusstsein mindern und somit auch Angst erzeugen. Angst wiederum ist ein Nährboden, auf dem Aggressionen gedeihen.
Aggressionen können in unterschiedlicher Weise in Erscheinung treten. Beim einen verbergen sie sich hinter Überheblichkeit, Provokation, Spott und Ironie, oder sogar tätlichen Angriffen. Der andere reagiert eher weinerlich, mimosenhaft oder gar phobisch.
Die Reaktionen der Umwelt sind vorprogrammiert: Der Störer kriegt zu hören: „Du schon wieder, das war ja zu erwarten!" Einem anderen wird womöglich zum hundertsten Mal gesagt: „Mein Gott, hab dich doch nicht so! Aus dir wird nie etwas werden."
Und damit passiert genau das, was die Situation verschlimmert: Beide werden erneut frustriert, ihr Aggressionspotential wird geschürt und das unerwünschte Verhalten somit gefestigt. Der Teufelskreis schließt sich und das Gruppenklima entwickelt sich entsprechend.

Jedem Leiter einer Gruppe wird der Weg aus einem solchen Dilemma leichter fallen, wenn er erkennt: Kaum ein Störenfried fühlt sich wirklich wohl in seiner Haut. Er leidet Not, auch wenn er noch so lautstark das Gegenteil behaupten mag.

Spiele schaffen eine gute Basis
Die Ursachen für Ärger und Leid sind also vielfältig und individuell unterschiedlich. Ebenso vielfältig aber sind die Möglichkeiten, diesen Ursachen auf die Spur zu kommen, um das Hintergründige menschlicher Reaktionen zu verstehen.
Dazu bedarf es der Ausbildung eines sozialen Gespürs und der Entwicklung sozialer Intelligenz. Waches Beobachten, genaues Hinhören und einfühlsames Kommunizieren sind wesentliche Voraussetzungen zur Gestaltung einer tragfähigen Gemeinschaft und Kennzeichen einer Atmosphäre des Vertrauens. Das Ziel ist eine Gemeinschaft, die die Bedürfnisse und Ängste des Einzelnen erkennt und ihnen konstruktiv entgegentritt, eine Gruppe, in der einer dem anderen trauen kann.
Wie dies mit Humor und Spannung geschehen kann, zeigt die nachfolgende Spielesammlung. Sie beinhaltet zahlreiche Anregungen, wie Menschen mehr über sich und andere erfahren, dabei jede Menge Spaß miteinander teilen können und spielend für ein stabiles, respektvolles Miteinander sorgen.
Die Spiele sind vielfältig einsetzbar. Ob es sich nun um die eigene Familie handelt, um Kindergarten- oder Hortgruppen, Schulklassen, Feriengemeinschaften oder Jugendgruppen ..., alle sind angesprochen, die es mit Kindern, Jugendlichen oder auch jungen Erwachsenen zu tun haben. Dabei spielt es keine Rolle, wenn sich Mitspieler unterschiedlichen Alters zu einem gemeinsamen Spiel zusammenfinden, da die Kapitel des Buches – bis auf wenige Ausnahmen – nicht nach altersspezifischen Inhalten oder Fähigkeiten sortiert sind, sondern sich mit allgemein relevanten Aspekten des Lebens in einer Gruppe befassen.

Spiele – Ziele

So geht es darum, den Blick zu schärfen für die Leute und Dinge der Umgebung, um Schlamperspiele und Ordnungsziele. Es werden unterschiedliche Möglichkeiten aufgezeigt, wie Streithähne Dampf ablassen und dennoch wieder zueinander finden können. Bei allen Spielen geht es um die Stärkung des Selbstbewusstseins der einzelnen Mitglieder, damit sie den komplexen Anforderungen innerhalb gruppendynamischer Prozesse besser gewachsen sind. Wer Spielideen gegen Langeweile sucht, die ja schnell zu Unmut führen kann, kommt ebenfalls auf seine Kosten. Außerdem gibt es eine Auswahl an tüfteligen Lernspielen, die Freude am Wissenserwerb vermitteln und durchaus nicht nur Schülern Vergnügen bereiten! Damit zu guter Letzt auch das Wochenende ein Erfolg wird, bietet Kapitel VII einen bunten Spiele-Mix für die gemeinsame Gestaltung der Freizeit.

Spielregeln

Sämtliche Spiele kommen mit wenig oder ganz ohne Material aus. Die verwendeten Utensilien sind nahezu alle Bestandteile des Haushalts oder der Gruppenräume.

Bei Spielen für mehrere Teilnehmer ist es sinnvoll, die Anzahl der Mitspieler je nach Temperament und Zusammensetzung der Gruppe individuell festzulegen. Wie groß die Anzahl der Mitspieler sein sollte, zeigen die Schäfchen vor jedem Spiel an:

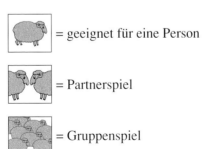

Die Kombination von 1 und 3 macht deutlich, dass zunächst der Einzelne aktiv wird und seine Ergebnisse abschließend in eine Gruppenaktivität einbringt.

Auch die kreative Erstellung von Regeln kann eine sehr lustige, gewinnbringende Sache sein. Deshalb sollte den Spielern selbst die Möglichkeit dazu gegeben werden. Wichtig ist nur die Übereinkunft, dass durch die zu treffenden Regelungen kein Teilnehmer in irgendeiner Weise ernstlich gekränkt werden darf.

Für ein gutes Gelingen der Spiele ist es ferner wichtig, auf den passenden Zeitpunkt zu achten! Ein Versöhnungsspiel beispielsweise sollte nicht unmittelbar an den Höhepunkt einer heftigen Auseinandersetzung angeschlossen werden. Die aggressiven Gefühle sind noch zu frisch, um auf Kommando umgeschaltet zu werden. Anders bei Ordnungsspielen: In diesem Fall wäre eine längere Wartezeit natürlich verkehrt. Inzwischen würde „das Schlachtfeld" womöglich von anderen Personen bereinigt ...

Für Spiele, bei denen sich Personen öffnen sollen, ist außer der Wahl des richtigen Zeitpunktes auch die Gestaltung der Umgebung von Bedeutung! So fällt es den meisten Menschen sicherlich leichter, in einem warmen, gemütlichen Raum bei gedämpfter Beleuchtung zu sprechen, als in einer unpersönlichen kalten Halle bei Neonlicht.

Ein nicht zu unterschätzender Faktor für die erfolgreiche Umsetzung der Spiele ist letztlich ihre Einführung: „Alle mal herhören, wir machen ein Spiel ..." ist oftmals zu wenig, um das Spielbedürfnis zu wecken. Eine informative oder geheimnisvolle Überleitung – eventuell als Rätsel verpackt, kann die Spannung erheblich steigern.

In diesem Sinne – viel Vergnügen, gutes Gelingen und prima Klima!

I. Ich bin ich – und wer bist du?
Wahrnehmungsspiele

In einer Gruppe treffen viele unterschiedliche Menschen aufeinander. Jeder von ihnen ist ein einzigartiges Individuum mit gewachsenen Wesenszügen, Ansichten, Einstellungen, Ängsten und Vorlieben. Kein Wunder, wenn da nicht immer eitel Eintracht herrscht. Gemeinsam aufgestellte Regeln sollen dabei helfen, ein angenehmes soziales Klima zu festigen.
Wenn also jeder verstandesmäßig diese Regeln beherrscht, warum kommt es dann immer wieder zu Missstimmungen, ernsthaften Konflikten oder sogar zu Eskalationen?
Das bloße Verstehen von Regeln, Geboten, Agreements ... ist eine Sache, die sich rein kognitiv im Gehirn abspielt. Dass aber jeder Mensch ein Wesen mit Gefühlen ist, erschwert die vernünftige Einhaltung von erwünschtem Verhalten und macht es oft sogar unmöglich. Und darin liegt ein großes Problem unserer heutigen Zeit. Die jungen Leute wissen genau, was von ihnen erwartet wird. Der gesellschaftliche Druck ist ganz enorm im Hinblick auf Leistung und im Hinblick auf soziale Anpassung. Man muss schon optimal funktionieren, um es „zu etwas zu bringen". Dabei geraten die Menschen in einen Strudel von Erwartungen, eigenen Idealvorstellungen, gesellschaftlichen Wertmaßstäben und vernichtenden Konkurrenzzwängen. Wir gehören zunehmend einer verkopften Gesellschaft mit der bedrohlich ansteigenden Tendenz zu psychischer Labilität und Hilflosigkeit an. Denn was bei allem Werkeln und Machen zu kurz kommt, ist tatsächlich die eigene Person. Wer bin ich, wer kennt mich, wer hört mir überhaupt zu, und wer kann mir letztlich durch seine verstehende Haltung Sicherheit gewähren?
Nichts vermittelt einem Menschen mehr Ruhe und Geborgenheit, als der vertraute Umgang mit jemandem, zu dem man ehrlich sprechen darf, der sich für Schwächen und Wünsche der Gruppenmit-

glieder interessiert. Jeder braucht mindestens einen Menschen, für den man nicht wie ein Schauspieler eine anstrengende Rolle spielen muss.
Das erste Kapitel dieses Buches beinhaltet folglich zahlreiche Spiele, die die optische und soziale Wahrnehmungsfähigkeit schulen. Einen Menschen genauer anzusehen und tiefer hinzuhören ermöglicht es erst, ihn wirklich kennenzulernen. Damit können die diversen Masken des „Kraftmeiers", der „Heulsuse", des „Unantastbaren" ... allmählich abgelegt werden, denn bei diesen Spielen ist Offenheit auf allen Kanälen gefragt.

1 Idol-Spiele

Man kann erstaunliche Dinge über Mitmenschen erfahren, wenn man herausfindet, für welche Idole sie schwärmen oder was für Vorbilder sie haben. Vorbilder sind immer Menschen, die in irgendeiner Weise attraktive Modelle darstellen. Dabei muss dem einen Gruppenmitglied längst nicht dasselbe attraktiv erscheinen wie dem anderen.
Vielleicht schwärmt der blitzsaubere Peter für jenen völlig zerrupften und verlebten Pop-Star, eben weil er ein besonderes Maß an Ungezwungenheit für ihn verkörpert. Vielleicht würde Peter liebend gerne seine Trachtenhose gegen eine löchrige Jeans eintauschen, um sich richtig wohlzufühlen.
Das Idole-Spiel wird es ans Licht bringen:
Dabei verwandeln sich alle Teilnehmer in ihre heißumschwärmten Vorbilder – und zwar äußerlich und innerlich. Klamotten, Haarfarbe (auswaschbares Spray), Sprache, Sprüche, Auftritte und so weiter werden so gut als möglich kopiert. Anschließend stellen sich die „Berühmtheiten" (und natürlich auch unbekannte Vorbilder) vor und erzählen, was ihnen am meisten an dieser Person imponiert.
Material: alles, was sich zum Verkleiden und Schminken eignet

2 Wattierte Botschaften

„Es hat mich richtig getroffen, als du mir das sagtest ..." Diese Erfahrung macht jeder Mensch, der mit anderen Menschen zusammenlebt. Im alltäglichen Umgang bleibt es nicht aus, dass man sich gegenseitig verletzt. Die Kunst besteht darin, sich zu überlegen, welches Ziel man mit seinem „Angriff" verfolgt. Will man klären, oder will man provozieren? Das folgende Spiel dient dazu, sich spielerisch über verschiedene Empfindungsbereiche des Empfängers klar zu werden.

Aus Karton wird ein lebensgroßer Gesprächspartner ausgeschnitten, bestehend aus Kopf, einem riesigen Bauch und weniger relevanten Extremitäten. Der Bauch wird durch einen Filzstiftstrich geteilt in Magen und Unterbauch.

Dann stellt man diesen Kartonmenschen im Freien an einen Baum oder pinnt ihn mit Klebestreifen an die Hauswand.

Nun taucht jeder Mitspieler einen Wattebausch in Wasser, wringt ihn leicht aus und setzt zum Wurf an!

- Den Kartonhelden am Kopf zu treffen, bedeutet: Jemanden etwas offen ins Gesicht sagen können.
- Auf seinen Oberbauch zu zielen heißt, jemandem verbal einen „Stoß in die Magengrube" zu versetzen.
- Oder aber man trifft den Unterbauch – das kommt einem psychologischen „Schlag unter die Gürtellinie" gleich.

Infolgedessen gibt es für Treffer im Kopfbereich 30 Punkte, für den Magen 10 Punkte und für Treffer unterhalb der Gürtellinie gar keinen Punkt.

Denn es ist immer am besten, dem Streitpartner seine Einwände möglichst „wattiert", aber dennoch direkt ins Angesicht zu sprechen, anstatt ihn dort zu treffen, wo es noch mehr schmerzt – und damit auch noch mehr Aggressionen auslöst.

Material: Karton, Stifte, Watte

3 Blitz-Check

Zwei Spieler stehen einander Auge in Auge gegenüber. Eine Minute lang haben sie Zeit, sich gegenseitig eingehend zu mustern und sich soviele Details wie möglich einzuprägen.

Ihre Wahrnehmungs- und Merkfähigkeit werden im Anschluss überprüft. Beide Teilnehmer drehen sich 180° um die Achse und stehen nun Rücken an Rücken. Weiß der eine noch, welches Muster die Socken des anderen hatten? Oder ob die Hose schwarz-blau oder schwarz-grün liniert ist?

Die Fragen zu den Personen werden von den umstehenden Gruppenteilnehmern ausgetüftelt und abwechselnd gestellt.

Für jede richtige Beantwortung darf sich der Spieler einen Wahrnehmungspunkt gutschreiben.

Regel:
Beide Spieler erhalten gleich viele Fragen. Außerdem steht jedem Spieler ein Blitz-Joker zur Verfügung. Er kann 1 × *vor* Beantwortung einer Frage eingesetzt werden und bringt bei der richtigen Beantwortung 10 Punkte ein.

Material: Papier, Stifte

4 Gedankenlesen

Wenn man einen anderen gut zu kennen glaubt, dann müsste man dessen Reaktionen bei bestimmten Themen in etwa abschätzen können, oder?

Dazu bringt jeder Teilnehmer irgendwelche Assoziationsobjekte mit: Gegenstände aus dem Alltag, ausgewählte Fotos, Schlagzeilen oder Zeitungsartikel ... Alle Dinge werden in einem Karton verstaut.

Dann setzen sich die Mitspieler an einen Tisch. Der Starter greift blind in die Schachtel, zieht ein beliebiges Stück heraus und stellt es sichtbar in der Tischmitte ab. Jeder Teilnehmer registriert seine erste Assoziation zum Objekt, und merkt sich diese gut. Jetzt nämlich werden reihum Tipps abgegeben, wem welche ersten Gedanken dazu eingefallen sein könnten.

Wer der Assoziation eines Mitspielers am nächsten kommt, darf sich 10 Science-Punkte notieren und erhält Applaus für seine Fähigkeit im Gedanken-Lesen.

Material: diverse Gegenstände

5 Die Anti-Sucht-Pantomime

Ohne groß zu psychologisieren sollten im Vorfeld dieses Spieles Vermutungen über verschiedene Süchte angestellt werden.
- Welche Süchte kennst du?
- Wie äußern sich diese?
- Was sind die Begleiterscheinungen oder Konsequenzen von Suchtverhalten?
- Welche Ursachen könnten zur Sucht führen?

So wird u.a. klar werden, dass der Süchtige sich immer in irgendeiner Form selbst schädigt, quasi Aggressionen ausübt gegen sich selbst oder sogar gegen andere. Für die den Gruppenmitgliedern bekannten Süchte werden nun Spielkarten mit einfachen Symbolen angelegt.

Zum Beispiel:

für den Trinker   für den Fernseh-süchtigen   für den Spieler   für den Raucher

Alle Teilnehmer sitzen im Kreis. Der Spielleiter mischt die Bildkarten und hält dann eine davon hoch!
Blitzschnell überlegen sich die Spieler sinnvolle Ersatzbeschäftigungen oder Handlungen, die anstatt des Suchtverhaltens ausge-

führt werden könnten. Diese Alternativen werden pantomimisch dargestellt.
Haben alle eine Lösung gefunden, so stellt jeder Spieler seine Variante noch einmal vor. Die Pantomime soll zunächst geraten und dann gemeinsam erörtert werden.

Tipp:
Im Anschluss daran wäre es vielleicht möglich, nach eigenen, ganz persönlichen „Suchtansätzen" zu forschen. Süchte, die zwar nicht gesellschaftlich angeprangert werden, aber vielleicht den Betroffenen insgeheim belasten.
Material: Bildkarten

6 Der Tagesbericht

In unserer schnellen Zeit ist kaum mehr Platz für Nachbesinnung. Eigentlich dreht sich alles nur mehr um die nächsten Termine, die nächsten Vorhaben, Projekte, Schulaufgaben usw. Dabei wäre es sehr wichtig, vergangene Ereignisse ein wenig nachklingen zu lassen, um sie vielleicht noch einmal zu genießen, oder ihren Stellenwert sachlich aus der Distanz neu zu beurteilen. Man kann überlegen, was von den gemachten Erfahrungen man in den neuen Tag mitnehmen möchte, oder was mit dem heutigen Tage endgültig ad acta gelegt werden kann. Dieses Ritual ist auch für die gesamte Gruppe von Bedeutung. Denn wenn sich beim Einzelnen zu viel unbewältigter Stress (positiv oder negativ) ansammelt, bekommen das in der Regel auch alle anderen zu spüren.
Ein Tagesbericht während eines abendlichen Gruppenkreises bietet jedem einzelnen Berichterstatter die Möglichkeit, alle Eindrücke des Tages noch einmal an- und auszusprechen. Dabei sollten die Zuhörenden möglichst schweigsam und vor allen Dingen wertneutral bleiben, es sei denn, sie werden vom Tagesberichterstatter unmittelbar um Rat gebeten.
Material: –

7 Körpergespräche

Hier geht es um Einfühlungsvermögen und Ausdruckskraft. Bei „Körpergesprächen" werden nämlich anstelle des Mundes sämtliche Körperteile zu kommunikativen Zwecken eingesetzt. Dabei sitzen oder stehen sich zwei Partner gegenüber. Der aktive „Sender" greift in einen Korb mit Thema-Losen und wählt eines, beispielsweise mit folgendem Text:

> „Ah, Peter!
> Lass dich einmal genau ansehen.
> Wie geht es deinem Magen?
> Ich finde, du hast richtige Augenringe.
> Isst du noch immer so viele Kartoffelchips?"

Nun versucht er die Botschaft pantomimisch so genau darzustellen, dass der andere den Text quasi vom Körper ablesen kann. Jetzt ist er an der Reihe, „sprachlos" nach einer Antwort zu suchen.

Tipp 1:
Die Los-Texte werden gemeinsam vorbereitet! Jedes Gruppenmitglied erfindet eine oder zwei Szenen, schreibt sie auf und hinterlegt die Lose bis zum nächsten Spieldurchgang im Lose-Körbchen.

Tipp 2:
Übrigens machen Unsinnstexte oder Quatschgeschichten ganz besonderen Spaß!
Material: Papier, Stifte, Körbchen oder Kiste

8 Die Gruppen-Wetterkarte

Wie sich das emotionale und soziale Klima des Tages innerhalb der Gruppe entwickelt hat, wird in Form einer lustigen Wetterkarte auf ein größeres Papier gezeichnet:

Morgens beispielsweise, beim guten Frühstück, lächelte allerorts die Sonne. Anschließend fielen einige Regentropfen wegen der Reibereien um das Ausflugsziel. Orkan Theo (der Gruppenleiter) brauste auf, wütete ganz schrecklich, als er bemerkte, dass Halunken seinen Wanderschuh mit einem nassen Schwamm präpariert hatten. Durch die milde Föhneinwirkung von Susi Sanft hatte sich jedoch die Gruppe bis zum Abend wieder beruhigt. Bereits bei den Vorbereitungen zum Lagerfeuer war ein kräftiges (Stimmungs-)Hoch im Anzug.

Tipp:
Auch zeichnerische Prognosen für die Gesamtwetterlage von Morgen können sehr reizvoll sein. Denn so gewisse Turbulenzen sind manchmal ja wirklich vorherzusehen.
Material: Papierbögen, Stifte

9 Was sagt ein Gesicht?

Aus Zeitschriften, Magazinen, Spendenprospekten usw. werden beliebige Gesichter ausgeschnitten und bis zum vereinbarten „Gruppen-Treff" gesammelt. Jedes Mitglied stellt seine Auswahl vor und berichtet über seine Eindrücke bezüglich der verschiedenen Gesichtszüge und Ausdrucksweisen.

Wer mag, fixiert besonders charakteristische Fotos an der Pinnwand und in einem kleinen Wettbewerb darf nach der passendsten Sprechblase gesucht werden. Bald entwickeln auch schon jüngere Gruppenmitglieder eine differenzierte Wahrnehmungsfähigkeit und werden das Sprichwort besser verstehen, das da heißt: „Das Gesicht spricht Bände."

Material: ausgediente Zeitungen, Zeitschriften, Schere

10 Gruppeneintopf

Man stelle sich vor, die ganze Gruppe bzw. Familie ist das fertige Gericht und ihre Mitglieder die Zutaten für ein leckeres Rezept! Jeder Teilnehmer notiert auf einem Zettel die Mengen- oder Gewichtsangaben, in welchen er persönlich die einzelnen Gruppenmitglieder vertreten sieht.

Da schreibt zum Beispiel Anna:

```
Familie Huber
1 Kilo Papa
1/2 Kilo Mama
1/2 Kilo Berti
100g Anna
```

Zum Vergleich betrachte man nun Frau Hubers Einschätzung:

```
Familie Huber
1 Kilo Berti
1 Kilo Anna
100g Papa
100g Mama
```

So – nun ist die Überraschung perfekt! Anna sieht sich selbst als schwächstes Element. Ebenso ergeht es aber der Mama. Und man wird sehen, was die übrigen Rezeptvorschläge von Berti und Papa ergeben. Höchste Zeit, sich einmal gemeinsam Gedanken darüber zu machen, warum, seit wann und wie oft sich welches Mitglied besonders benachteiligt fühlt.
Material: Papier, Stifte

11 Das Wunschbuch

Die Anlage eines gemeinsamen Wunschbuches eröffnet so manchem Gruppenmitglied, dass der Mensch nicht allein schon glücklich ist, nur weil er neue Turnschuhe bekommen hat, oder weil die Sonne scheint.
Im Wunschbuch dürfen alle, die zu einer Gemeinschaft gehören, anonym auf einem Papier ihren geheimen Wünschen, Sehnsüchten oder Sorgen Ausdruck verleihen. Die Blätter werden gelocht und in einen hübschen Ordner eingeheftet. Dieser Ordner steht frei zugänglich an einem festen Platz.

Tipp:
Die Verwendung einer Schreibmaschine wäre ideal. Ansonsten gelangt man durch den Schriftzug natürlich leicht zum Urheber eines Eintrages.
Anonymität ist wichtig, denn es sollte jeder beim Durchlesen der Beiträge überlegen dürfen, zu wem welches Anliegen passen könnte. Außerdem traut sich dann vielleicht auch der größte und tapferste aller Jungs, seine kleinen Nöte einzugestehen.
Material: Ringordner, Papier, Schreibmaschine oder PC

12 Die Werbefalle

In einer Gemeinschaft ist es wichtig, die eigene Meinung von den Meinungen anderer unterscheiden zu können. Folgendes spielerische Vorgehen kann die Wahrnehmung für objektives Urteil schärfen: Illustrierte, Zeitungen und Werbeblöcke im Fernsehen werden nach einem bestimmten Artikel abgegrast, z.B. Seife. Einige gefundene Seifenmarken werden notiert, eingekauft und aus der Gemeinschaftskasse bezahlt. Im Gruppentest unterzieht sich jeder einer zweiminütigen Tiefenreinigung seiner Hände – jeweils mit einer anderen Seife.

Das Ergebnis beweist: Trotz gewaltiger Preisunterschiede hatte kein Mitspieler mehr schwarze Finger. Woran also liegt es, dass Leute zum Kauf dieses oder jenes Artikels verführt werden können? Wie sind die Werbeslogans aufgebaut? Welche Wörter oder Bilder manipulieren ganz besonders stark? Wie kann sich der einzelne schützen. Wie kann er sich dagegen wappnen, ausgenutzt, zu Blödsinn überredet oder allgemein von anderen Menschen bestimmt zu werden?

Die „Werbefalle" verdeutlicht solche Zusammenhänge, und: Gefahr erkannt, Gefahr gebannt.

Material: Illustrierte, Zeitungen, diverses Material

13 Die Klecksfamilie

Jeder Mensch repräsentiert innerhalb einer Gruppe eine bestimmte „Stimmunsgröße". Man weiß z.B. von Sabine, dass ihre Launen häufig wechseln, Tom ist ein Ausbund an Fröhlichkeit, Tina werkelt verbissen von früh bis spät, und Georg hängt längst vergangenen Träumen nach. So bringt jedes Mitglied eine gewisse Farbe in den Alltag. Welche Farbe zu welchem Gruppenmitglied passt, das entscheidet jeder subjektiv und spontan, wenn er zu Pinsel und Farbe greift, um alle Mitbewohner als Kleckse auf ein Papier zu zaubern. In einer abschließenden Malerunde begründen die Künstler ihre Farbwahl, beschriften die Kleckse mit den entsprechenden Vornamen und ergänzen die Bilder um ein oder zwei Attribute, die das Wesen des jeweiligen „Kleckses" näher beschreiben.

Material: Papier, Farben (z.B. Wasserfarben), Pinsel

14 Der Hüpfwurm

Alle Mitspieler legen sich auf den Boden, und zwar so, dass jeder mit seinem Kopf auf dem Bauch des Vorgängers zu liegen kommt. Nun sendet der erste dieses Kettenwurmes per Zwerchfell einen kleinen Hüpfer an das Haupt dessen, der auf seinem Bauch ruht. Sobald dieser den Hüpfer spürt, erzeugt er seinerseits einen Zwerchfellhopser zum nächsten Spieler und so weiter.

Tipp:
Eine besonders lustige Abwandlung ist übrigens der Lachwurm. Anstelle des nüchternen Zwerchfellhüpfers wird ein fröhlicher Lacher weitergeleitet, bis sich die gesamte Gruppe vor Freude auf dem Boden kringelt.
Material: –

15 Gespensterraten

Für dieses Tast-Spiel benötigt man einen überzähligen Bettüberzug. Diesen bekommt ein Gruppenmitglied übergestülpt, dann setzt sich das Gespenst auf den Boden. Achtung: Auch die verräterischen Schuhe müssen ganz von dem Laken bedeckt sein! Nun geht es nämlich ans Raten. Unter dem Motto „Gespenster zum Anfassen" werden nun 3 Spieler, die vor der Türe gewartet haben, hereingerufen und sollen durch Tasten herausfinden, wer sich unter dem Stoff verbirgt.
Material: Bettlaken

16 Die Freu-Liste

In der Regel fallen einem unangenehme Dinge eher auf als die angenehmen. Von der unangenehmen Sorte scheint es auch

wesentlich mehr zu geben, so oft wie man sich manchmal an nur einem einzigen Tag ärgern könnte …
Nun wird die Probe auf's Exempel gemacht. Gibt es wirklich so viel weniger erfreuliche Ereignisse, oder ist es vielleicht nur eine Frage der Sichtweise? Ein Beispiel mag dies verdeutlichen:

Der Pessimist sagt: O je, das Glas ist bereits halb leer!
Der Optimist sagt: Prima, das Glas ist noch halb voll!

Der Optimist hat eindeutig mehr von seinem Getränk, und wahrscheinlich auch mehr von einem ganzen Tag. Deshalb wird ab heute eine Freu-Liste angelegt. Jedes Gruppenmitglied besitzt eine eigene. In ihr sollen Ereignisse des Tages, die leichten Grimm oder auch große Wut ausgelöst haben, noch einmal genau unter die Lupe genommen werden. Hatte die Sache nicht vielleicht doch etwas Gutes? Wie könnte das erste affektbetonte Urteil anders – nämlich positiv ausgedrückt werden? Gar nicht so einfach, so eine Selbsterziehung zur Freude! Doch je geübter ein Auge ist, desto eher wird es erkennen: Ärger lohnt hier nicht, denn alle Dinge haben immer mindestens zwei Seiten! Ein Austausch innerhalb der Gruppe über Erfahrungen mit der Freu-Liste und beobachtete Fortschritte kann zur positiven Wahrnehmung beitragen.
Material: Papier, Stifte

17 Der Gruppenkalender

In diesem Kalender befinden sich neben einer Spalte mit den Wochentagen noch weitere Spalten. Genau soviele, wie die Gruppe Mitglieder hat. Dort trägt jeder mit Uhrzeit versehen seine eigenen Termine ein, die nicht veränderbar sind.
Als feste Termine sind auch Vorhaben oder Verpflichtungen zu verstehen, die längerfristig eingeplant werden müssen.
So kann auf einen Blick abgelesen werden, welche Spielräume für gemeinsame Aktivitäten infrage kommen.
Andererseits eröffnet die Lektüre des Kalenders jedem Gruppenmitglied, wer zu welcher Zeit womöglich unter besonderem Druck

steht, so dass man sich mit etwas Übung und wachem Auge bald selbst einen Reim auf gewisse sensible Phasen des Nächsten machen kann – Interesse vorausgesetzt.

Tipp:
So ein Kalender für die nächsten 7 Tage könnte individuell gestaltet und optisch attraktiv angelegt werden, in einer fröhlichen Runde am Ende einer Woche.
Material: Wochenkalender, Stifte

18 Tick-Tack-Tick

Ein Spiel für sensible Lauscher!
Alle Teilnehmer ziehen sich in ein verdunkeltes Zimmer zurück. Dort suchen sie sich ein bequemes Plätzchen und machen es sich gemütlich. Ab sofort müssen die Augen geschlossen bleiben!
Außerdem halten sich alle Spieler die Ohren zu – bis auf einen: Dieser versteckt indessen nämlich einen Wecker irgendwo im Raum. Anschließend gibt er Lichtzeichen oder ruft laut „Tick-Tack". Nun lösen die Ruhenden ihre „Ohrenstöpsel" und konzentrieren sich auf Geräusche. Wer kann zuerst den Standplatz des Weckers orten? Wer glaubt, es zu wissen, äußert prägnant seine Vermutung (z. B. in der Ecke hinter dem Klavier). Der Spieler, der dem tatsächlichen Versteck des Weckers am nächsten kommt, darf einen neuen Geheimplatz austüfteln und das Spiel geht in die zweite Runde.
Material: Wecker

19 Einfach tierisch

Jedes Gruppenmitglied erhält Zeichenpapier und Stifte.
Dann lautet der Auftrag:
Stell dir vor, du wärest ein Tier.
Stell dir vor, dein Nebenmann wäre ein Tier.

Stell dir vor, unsere ganze Gruppe würde sich in Tiere verwandeln. Zu wem würde welches Tier am besten passen?
Male unsere Gruppe als Tierfamilie und beschrifte die einzelnen Tiere mit den entsprechenden Namen der Gruppenmitglieder.

Alle Mitspieler machen sich ans Werk und vergessen dabei auch nicht einen einzigen der Gruppe. Selbst die abwesenden Personen werden berücksichtigt. In einer abschließenden Besprechung der Bilder begründen die Künstler die Wahl ihrer Tiere:
Tim, ein Haifisch – wer hätte das gedacht.
So ein Haifisch ist ein unberechenbares, starkes Tier – warum Bernd den Tim als Hai gemalt hat und was das mit ihm selbst zu tun haben könnte, das soll nun gemeinsam in der Gruppe diskutiert

werden. Eine spannende Angelegenheit, denn bei der Betrachtung einer anderen Tierfamilie kann man Tim vielleicht als Hasen wiederfinden, als kleinen Hasen, der keiner Fliege was zu Leide tun könnte ...
Material: Papier, Stifte

20 Kontaktsticker

Für dieses Schaubild wird eine Korktafel benötigt, Pinnwandnadeln und von jedem Teilnehmer ein Foto.
Zur Einführung des Spieles wird das Konterfei eines beliebigen ersten Gruppenmitgliedes in die Mitte der Tafel gepinnt. Nun setzen die übrigen Spieler ihre eigenen Fotos in solcher Distanz oder Nähe zum Starterbild, die ihrer realen Beziehung zu diesem Mitglied in etwa entspricht. Dabei können Ursachen und Gründe analysiert werden, weshalb die „bildliche" Entfernung so oder so ausfällt. Anderntags wird ein nächster Teilnehmer in den Mittelpunkt gerückt. Wer gesellt sich zu ihm? Wer nimmt eher Abstand, und warum?
Selbst wenn alle Mitspieler auf diese optische Weise ihren sozialen Ort in der Gruppe erfahren haben, bleibt das Schaubild in Bewegung. Dann nämlich darf jeder nach Gefühl und je nach Quantität und Qualität seiner Sozialkontakte sein Bild bei Bedarf umsetzen. So werden rasch Cliquenbildungen, neue Freundschaften oder auch starre „Paarbeziehungen" ersichtlich.

Tipp:
Sehen zu müssen, dass einer völlig alleine dasteht, scheint auf den ersten Blick eine Zumutung darzustellen. Eine solch offengelegte Sozialstruktur birgt aber ungeheure Möglichkeiten sowohl für den Einzelgänger selbst als auch für die übrigen. Ersterem wird unzweifelhaft klar, dass er sich ein wenig anstrengen muss, und der Rest der Gruppe kann auch nicht mehr übersehen, dass es da jemanden gibt, der Hilfe braucht ...
Material: Korktafel (Pinnwand), Nadeln, Fotos der Teilnehmer

II. Die kleine große Wut im Bauch
Aggressionsspiele

Dieses Kapitel beschäftigt sich mit Gefühlen, die ganz entscheidend die Dynamik eines Gruppenprozesses bestimmen: mit Aggressionen.
Bei dem Begriff tauchen möglicherweise Bilder auf von lautem Geschrei, tätlichen Angriffen, Drohungen ... Sicherlich erfordert diese offene Form aggressiven Verhaltens in der momentanen Situation ein rasches Eingreifen, um zu einer Lösung zu gelangen. Andererseits stellt sich die Frage, ob man nicht bereits präventiv solchen Eskalationen vorbeugen könnte, indem man Aggressionen als erlaubten Teil der eigenen Person kennenlernen darf und

indem aggressive Impulse zugelassen und thematisiert werden dürfen. Man betreibt also „Gefühlshygiene", um auf weitere Sicht besser mit negativen Empfindungen umgehen zu können.
Einem guten Sozialklima nicht minder abträglich sind jene versteckten Aggressionen, die auf den ersten und womöglich sogar auf den zweiten Blick gar nicht zu erkennen sind. Beispielsweise wenn der artige Hans dem chaotischen Peter genau in jener Sekunde scheinbar überfürsorglich zur Hilfe eilt, wenn es wirklich ein jeder hören kann – peinlicherweise! Was der artige Hans davon hat? Sein kleiner innerer Schweinehund ist befriedigt, denn Peter steht wieder einmal als der Dumme da. Wer jetzt die Wut bekommen sollte, ist natürlich Peter. Der ist aber vielleicht bereits so stark in die Versagerrolle gedrängt worden, dass er sich gar nicht mehr aufzumucken traut. Er unterdrückt die Aggression, zieht sich immer stärker zurück und entwickelt eine depressive Haltung. Damit richtet er allerdings die Aggression gegen sich selbst.
Man kann es also drehen und wenden, wie man will – Aggressionen sind existent und sie werden es bleiben – in der einen oder in der anderen Form.
Wie wichtig ein gesundes Aggressionspotential aber ist, zeigt sich in der Lebensbewältigung: Um positiv auf die Umgebung zugehen zu können, um Probleme „in Angriff" nehmen zu können, um aktiv an zwischenmenschlichen Kontakten teilzuhaben, bedarf man einer wohldosierten Aggressionsfähigkeit (aggredi – auf etwas zugehen), der Fähigkeit zur Aggression also mit einer positiven und konstruktiven Ausrichtung.
Die folgenden Spiele sollen dabei helfen, der kleinen, großen Wut im Bauch einen Namen zu geben, sich negative Energien bewusst zu machen und dadurch Schuldgefühle abzubauen.

21 Das Streitprotokoll

Das größte Problem bei kontroversen Unterhaltungen ist der Umstand, dass die betroffenen Gesprächspartner einander nicht richtig zuhören. Da vernimmt der eine beispielsweise ein Wort, das

er gar nicht leiden kann und reagiert sofort aggressiv. Dabei hat er den ganzen Satz, in welchen dieses Reizwort eingebettet war, überhaupt nicht sachlich verarbeitet, ja nicht einmal zur Gänze akkustisch aufgenommen.
In solchen Fällen tut ein „Streitprotokoll" gute Dienste.
Unmittelbar nach bzw. während eines unabsehbaren Streitgespräches setzen sich alle Gesprächsteilnehmer zusammen an einen Tisch. Jeder notiert für sich eine Art „Drehbuch" über die vorangegangene Szene. Beispiel:

Anja: Sag mal, wo ist denn eigentlich mein Sonnenhut hingekommen? Der, den Sabine gestern zum Baden mithatte?
Sabine: Was? Ich? Ich hab den Hut gestern abend hier in dieses Regal zurückgelegt. So eine Gemeinheit. Ich soll den blöden Hut verschlampt haben ...
Nun werden beide Aussagen ganz genau und vollständig vorgelesen. Wer kann nun jede Aussage auf ihren Kerninhalt verkürzt wiedergeben? Beispiel:

Anja: Ich suche meinen Sonnenhut.
Sabine: Ich habe ihn seit gestern nicht mehr benutzt.
So betrachtet wäre eigentlich gar kein Grund zum Streiten vorhanden. Sabine hat sich fälschlicherweise schon beschuldigt gesehen, nur weil sie ihren Namen im Zusammenhang mit dem gesuchten Hut gehört hat. Und außerdem macht natürlich der Ton die Musik.
Material: Papier, Stifte

22 Kompositionen in Hass-Dur

Wenn jemand eine richtig große Wut in Worten entlädt, dann kann man das natürlich allein schon an den Tönen und an der Lautstärke erkennen.
In einem Partnerspiel geben zwei Spieler die rhythmische Qualität, die Klangfärbung und die Lautstärke einer solchen Hass-Tirade wieder, allerdings mit geschlossenen Mündern! Die Streitmelodie wird sozusagen übersetzt in eine Melodieführung aus Summ-,

Grunz- und Kehlkopflauten in entsprechend variablen Tonhöhen. Man kann es auch „Sprechen oder Schimpfen bei geschlossenen Lippen" nennen.

In dieser „sprachlosen" Form sehen Tobsuchtsanfälle besonders albern aus. Womöglich genauso albern wie ein richtiger? Der Sinn einer hochgradigen Erregtheit bei Auseinandersetzungen soll hinterfragt werden. Ziel des Spieles wäre es, wenn beide Partner eine gemäßigte Streitmelodie im Frage-Antwort-Stil komponieren können, wobei kein „Sprecher" eindeutig dominant sein soll. Beide Stimmen sollten sich abwechselnd durchsetzen, und sich dann aber auch wieder zurücknehmen können, um in einem gemeinsamen Konsens miteinander auszuklingen. Oder aber es kommt zu keiner Einigung, dann lösen sich die Stimmen entschieden aber friedlich voneinander.

Tipp:
Ein solcher melodischer Satz könnte auch graphisch in einem Linienbild dargestellt werden.

(„Nein. Das finde ich nicht. Außerdem! Überlege dir bitte einmal, was *du* gestern eingekauft hast, ja!")
Material: –

23 Sockenmurmeln

Jeder Mensch kennt das: Da ist man ausgesprochen stinkesauer, und soll sich aber nur verbal Luft machen dürfen. Dabei würde man eigentlich am liebsten mal tüchtig irgendwo draufhaun!
Bei folgendem Spiel ist das Draufhauen nicht nur erlaubt, sondern regelrecht erwünscht: Zwei Spieler sitzen einander mit einigem Abstand gegenüber und rollen sich abwechselnd eine Glasmurmel

zu. Dies tun sie mit so großer Geschwindigkeit, dass dem (oder den) seitlich postierten Wüterich(en) das Hören und Sehen vergeht. Sie nämlich sind „bewaffnet" mit einer „Schlagsocke". Das ist ein ganz normaler Strumpf, in welchen der zweite Sockenpartner hineingestopft wird. So! Nun warten die „Schläger" nur noch darauf, dass die Kugel vorbeisaust, und sie ihr so richtig mit Wucht eines „auf die Mütze" geben können. Pro Treffer wird ein Wutpunkt vergeben. Weidmanns Heil!

Tipp:
Sitzen mehrere wütende Sockenschläger entlang der Rollbahn, so tauschen sie aus dem Prinzip der Chancengleichheit nach jeweils fünf Murmeln ihre Plätze.
Material: Glasmurmel, Socken

24 Frustbilder in Eis

Ein Spiel für die kalte Jahreszeit!
Selbst bei Sonnenschein und weißer Schneedecke fällt einem irgendwann zwischen November und Februar die Decke auf den Kopf. Es sind die langen kalten Monate, in denen das menschliche Bedürfnis nach Aktivität und Lustbarkeit einfach zu kurz kommt. Eine sichere Quelle für Aggressionen und damit die richtige Gelegenheit, Eisbilder im Freien zu gestalten.
Jeder Teilnehmer benötigt eine leere Spritzflasche, zum Beispiel eine gereinigte Spülmittelflasche. Diese Flaschen werden gefüllt mit gefärbtem Wasser (Wasserfarbe, verdünnte Fingermalfarben oder Lebensmittelfarbe).
Mit einem ergiebigen Sortiment an Farbtönen gerüstet macht sich die Gruppe auf an die frische Luft. Zuerst wird mit einem Stock ein überdimensionaler Bilderrahmen in den Schnee gefurcht. In diesen Rahmen darf dann jeder ein abstraktes Motiv oder ein Muster hineinspritzen. Dabei gibt es keine Regeln oder Vorgaben. Selbstverständlich dürfen die Künstler untereinander die Farben tau-

schen. Hat sich jeder Spieler mit jeder Wunschfarbe im Schneebild verewigt, so ist das Spiel beendet.

Womöglich findet im Anschluss daran eine Vernissage mit heißem Punsch und Fackelbeleuchtung statt?

Material: Spritzflaschen, Farben (Wasserfarben, Fingermalfarben)

25 Einander den Kopf waschen

Diese Redewendung bedeutet, man möchte dem anderen einmal ordentlich die Meinung sagen, ihm seine Hirngespinste austreiben oder einfach von seinen falschen Einstellungen „reinwaschen".

Warum also nicht ein Ritual einführen, bei welchem in der Tat ein verärgertes Gruppenmitglied demjenigen den Kopf wäscht, der die Ursache des Ärgers darstellt. Es kann sich dabei um eine konventionelle Haarwäsche handeln oder aber um eine Massage mit einem feinen Haarwasser. Während dieser wohltuenden Prozedur ist nun der „Coiffeur" berechtigt, all seine angestaute Wut in angemessener Form verbal zu äußern. Er darf sich solange Luft machen als die „haarige Anwendung" dauert. Jener „der gewaschen" wird, hat indes nur schweigend zuzuhören – und zu genießen!

Bei solch einer angenehmen Behandlung lässt sich auch herbere Kritik sicher leicht verschmerzen. Und womöglich werden die Kummerreste bereits mit dem Ausspülen der Haare in den Ausguss geschwemmt.

Material: Wasser, Haarshampoo

26 Sauer in Salz

Aus 300 g Mehl, 300 g Salz und Wasser wird ein Salzteig hergestellt. Schon beim Kneten der Masse kann man so richtig „Dampf ablassen".

Sobald der Teig nicht mehr klebt und sich gut von der Schüssel lösen lässt, wenden sich die Teilnehmer dem kreativen Teil zu:

Unter dem Motto „Ich bin stinkesauer" dürfen nun nämlich richtig scheußliche Wutgesichter entworfen werden. Schauerliche Schimpfbolde, denen nach Trocknung des Kunstwerkes bei 150° im Backofen die Gesichter bunt angemalt werden.

Auch wenn es vorübergehend aussehen mag wie in der Geisterbahn – es macht nix! Denn die Wut wurde erkannt, benannt, aber dann als Kunstwerk an die Wand gebannt.

Material: Mehl, Salz, Wasser, Farben (z.B. Plakafarben)

27 Spezialwörterheft für Erfinder

Sich Ausdrücke an den Kopf zu schmeißen ist ja wirklich nicht schwierig. Insbesondere, wenn es sich dabei um primitivste Schimpfwörter handelt, die heutzutage bereits jedes Kleinkind beherrscht.

Wie aber sieht es aus, wenn intelligent gemotzt werden soll? Wenn nach neuen kreativen Wortschöpfungen oder Redewendungen mit Niveau gesucht werden soll? Sie sollen zwar Kritik und Ärger zum Ausdruck bringen, aber sie dürfen nicht unflätig sein. Inwieweit die Gruppenmitglieder der rhetorischen Kunst mächtig sind, lässt sich am Spezialwörterheft des Einzelnen ablesen. Dort trägt nämlich jeder – wenn auch ärgerlich, so dennoch gut leserlich, seine Ideen und Wort-Neuschöpfungen ein.

Am Ende eines Monats beispielsweise findet dann in fröhlicher Runde ein Grand-Prix des intelligenten Schimpfens statt.

> Verbissener Nussknacker!
> Hohlklingende Gießkanne!
> Essigsaurer Sauerkrautstampfer!
> ...

Material: Papier, Stifte

28 Popo-Softball

Anstatt der veralteten und ungehörigen Tracht Prügel auf den Hosenboden gilt es bei diesem Spiel zwar ebendenselben zu treffen, dabei aber auch zu lachen was das Zeug hält.
Alle Teilnehmer – ob zornig oder nicht – stellen sich in einer Reihe auf und stützen ihre Hände auf die Oberschenkel.
Hinter ihnen steht in etwa 3 m Entfernung der erste Popo-Schütze, gerüstet mit einem traumhaft weichen Plüschball. Auf ein Startzeichen versucht er nun, den verlängerten Rücken eines jeden aufgestellten Mitspielers zu treffen – pro Treffer ein Punkt. Wenn er dann noch erklären kann, warum das Gegenüber den Plop auf den Hosenboden verdient hat, umso besser!
Material: weicher Ball

29 Ballonangriff

Aus langen Schals oder Schnüren wird ein Kreis auf den Boden gelegt. Der Kreis ist das Nest für einen Spieler, der dort einen aufgeblasenen Luftballon zu hüten hat. Dieser Verteidiger schützt das „Ballon-Ei", indem er es mit seinem Oberkörper abdeckt. Nun ertönt ein Startsignal, und ein Angreifer macht sich über die luftgefüllte Beute her. Er soll den Ballon durch Zwicken oder Quetschen zum Platzen bringen. Oder aber er versucht, durch Körpergewicht Druck auf den Ballon auszuüben, indem er sich beispielsweise auf den Verteidiger legt.

Regel 1:
Die Verwendung von spitzen Gegenständen ist nicht gestattet!

Regel 2:
Fällt das Ballon-Ei aus dem Nest, so wird vorübergehend der „Kampf" unterbrochen, bis der Luftballon wieder in Sicherheit gebracht worden ist.
Material: Schals oder Schnüren, Luftballon

30 Das Reiß-Fest

Vor Beginn des Spieles ruft sich jeder Teilnehmer seine letzte große Wut ins Gedächtnis. Insbesondere eine solche, die keine befreiende Abfuhr erfahren hat. Die also noch gärt und auf „Rache" sinnt.

Dann wird zur Tat geschritten: Jeder schnappt sich seinen Zeitungspacken und reißt ihn Seite für Seite gnadenlos in kleine Stücke. Am Ende der „Orgie" – nach Ablauf eines Küchenweckers beispielsweise – dürften sich alle Teilnehmer genügend verausgabt haben.

Sämtliche Papierschnipsel werden in den Kleistereimer geschüttet und kräftig durchgemanscht.

Auf einem großen Bogen Packpapier findet nun die Versöhnung statt: Alle Hände bauen gemeinsam aus dem Papierbrei ein Klumpenkunstwerk. Einen Berg vielleicht, der die Größe der erlebten Frustrationen zum Ausdruck bringt, mit denen man endlich abgeschlossen hat. Wenn das „Denkmal" getrocknet ist, dürfen es die nunmehr besänftigten Gemüter mit Farbe verzieren – als Erinnerung an ein unvergessliches Reiß-Fest.

Material: eine alte Tageszeitung pro Teilnehmer, ein Kübel Tapetenkleister, ein großer Bogen festes Papier oder Karton

31 Achtung, Wutanfall!

Hier wird der Ernstfall vorweggenommen und humoristisch kommentiert. Auf einem Plakat sollen Merkmale, Erste-Hilfe-Maßnahmen usw. von Wutanfällen augenzwinkernd beschrieben werden.

Die Gruppe stellt die Texte in Gemeinschaftsarbeit zusammen. Das fertige Plakat erhält einen Ehrenplatz im Raum, so dass nur noch mit dem Finger darauf gedeutet werden muss, wenn es wieder mal zwischen irgendwelchen Personen so richtig „krachen" sollte.

40 Aggressionsspiele

> Achtung, Wutanfall!
> Merkmale:
> Der Mensch verfärbt sich rot bis lila.
> Er schreit lauter als ein Brüllaffe.
> Die Augen quellen hervor.
> Die Person ringt nach Luft.
> Die Fäuste sind geballt.
> ...
>
> Erste Hilfe:
> Stabile Seitenlage
> Pflasterkreuz über die Lippen
> Schweißtücher reichen
> ...
>
> Gegenmaßnahmen:
> Mit der wütenden Person flüstern
> Ihr gute und die richtigen Komplimente machen
> Nasenbohren als Zeichen, dass einen der Wutanfall eher langweilt
> ...

Material: Plakat (großer Papierbogen), Stifte

32 Befreiungstänze

Wenn dicke Luft herrscht, dann tut die richtige Musikeinlage oft Wunder! Abwechselnd dürfen Gruppenmitglieder bespielte Lieblingskassetten mitbringen, die bei Bedarf eingesetzt werden. Egal ob im Zimmer, in einer Turnhalle oder im Freien, getanzt wird nach „Art des Hauses", also Freistil mit keinerlei Rhythmus- oder Bewegungsvorgaben. Und wenn der Gruppenleiter, die Lehrerin oder Väterchen selbst in ekstatische Zuckungen verfällt, dann ist es gerade recht. Körperliches und emotionales Aus-sich-Herausgehen ist nämlich gar nicht so einfach. Erst wenn sich auch der Letzte nicht mehr genieren muss, ist Entspannung durch Befreiungstänze garantiert.

Material: Cassetten, CDs

33 Der Motzfrosch

Ein Spieler sitzt inmitten des Kreises. Er hat die Aufgabe, auf alle Fragen seiner Umsitzenden mit einem trotzigen und verdrießlichen „Nein" zu antworten. „Willst du einen Lutscher?" – „Nein!" schreit der Motzfrosch und blickt zornig in die Runde.
„Möchtest du gerne mit Flipper tiefseetauchen?" „Hast du Lust auf Schnettereteng?" usw.
Die Fragen werden immer lustiger, noch dazu bemüht sich jeder Fragesteller um eine lachmuskelstrapazierende Gebärdensprache. Da werden Grimassen geschnitten und witzige Geräusche erzeugt. Un da soll ein Motzfrosch motzig bleiben? Das Ziel ist erreicht, wenn sich der Motzfrosch das Grinsen nicht mehr verkneifen kann. Er darf einen neuen Miesepeter auswählen, der nun seinerseits seine starke Haltung unter Beweis stellen soll.
Material: –

34 Katz und Maus

Das folgende Zeichenspiel dient dazu, mögliche, latent vorhandene Aggressionen zu entlarven.
Alle Mitspieler verfügen über mindestens zwei Blatt Papier und einen Kugelschreiber oder Buntstift. Der Spielleiter stellt hintereinander zwei Fragen.
Die erste lautet: „Welches große starke Tier fällt dir zuerst ein? Zeichne es kurz auf."
Die zweite Frage lautet: „Welches kleine, schwache Tier kommt dir zuerst in den Kopf? Zeichne es auf das gleiche Blatt."
Nun leitet der Spielführer mit einer kurzen Geschichte über zur aktiven Gestaltungsphase:
„Du hast zwei Tiere gemalt. Ein großes und ein kleines. Stelle dir vor, beide Tiere – auch wenn es unwahrscheinlich klingen mag – treffen sich im Urwald am Ufer eines Baches. Was passiert?
Male eine Geschichte, die dir dazu einfällt."

Anmerkung:
Die Teilnehmer sollten ohne vorherige Diskussion sofort mit der Arbeit beginnen. Auch ein Sichtschutz wäre ganz günstig, um wirklich individuelle Ergebnisse zu erzielen.

Tipp:
Auch überschwenglich dargestellte Szenen von Freundschaft der beiden Tiere oder ausgeprägtes Helfertum in der Geschichte können auf Aggressionen hindeuten. Dann zum Beispiel, wenn diese Freundschaft dem betreffenden Zeichner im realen Alltag eigentlich gar nicht gelingt …
Eine anschließende Bildbesprechung kann Aufschluss darüber geben.
Material: Papier, Stifte

35 Zitronenduell

Zwei zitronensaure Kämpfer stehen einander gegenüber. Jeder hält einen Suppenlöffel in der Hand, auf welchem eine Zitrone liegt. Der Kampf ist eröffnet – Ring frei für das erste Zitronenduell!
Beide Kampfhähne treten aufeinander zu und versuchen, die Zitrone ihres Kontrahenten vom Löffel zu stoßen. Dabei schirmt sich jeder mit seinem freien Arm gegen die Angriffe ab. Der Duellant, dessen Frucht zuerst auf dem Boden landet, hat die Runde verloren. Zum Troste reicht ihm der Gewinner eine dünne Zitronenscheibe, die der Verlierer mutig auslutscht. Ein Vitaminstoß, der ihn für weitere Runden stärkt!
Material: Suppenlöffel, Zitronen

36 Klatsch-Knall-Peng

In einer Konditorei besorgt der Gruppenleiter Papiertüten, für jeden Teilnehmer eine.

Alle Mitspieler setzen sich in einen Kreis und blasen ihre Tüten kräftig auf. Die Tütenöffnung wird zusammengepresst, damit nicht vorzeitig Luft entweichen kann. Mit der freien Hand holt nun jeder zum Schlag aus. In dieser ausholenden Bewegung verharren die Spieler solange, bis sie an der Reihe sind: Der erste klatscht auf die Tüte, sobald der Knall verklungen ist, macht sich der Nebenmann ans Werk, peng, das Knallgeräusch dieses zweiten ist das Startsignal für den dritten Spieler usw. So entwickelt sich eine Rundum-Knallerei, die ihresgleichen sucht. Und dennoch wird ein gemeinschaftliches Anliegen berücksichtigt: Denn einer wartet auf den anderen, schön hintereinander, erst so entsteht die optimale Klatsch-Knall-Peng-Kette!
Material: Papiertüten

37 Schiebung

Auf dem Boden wird eine große Decke ausgebreitet. Dann sucht sich jeder Mitspieler einen etwa gleich großen Partner. Nun geht es ans Schieben! Beide Personen legen ihre Hände aneinander und versuchen, sich aus dem Deckenbereich hinauszudrängen. Nach diesem ersten Durchgang mit Handkontakt erfolgt ein zweiter Versuch Schulter an Schulter. Weitere Möglichkeiten sind: Rücken an Rücken, Popo an Popo, Bauch an Bauch oder Kopf an Kopf. Bei der letzten Variante wird jedoch vor der „Schiebung" ein dickes Kissen als Puffer eingelegt.
Eine Runde ist jeweils beendet, sobald einer der beiden Schieber mit beiden Füßen die Decke verlassen musste.
Material: Decke

38 Der Angriff der Wölfe

Per Losverfahren verwandeln sich die Mitspieler in wilde Wölfe oder zahme Schäfchen.

Dazu werden größere Klebeetiketten (in der Anzahl der Teilnehmer) mit Symbolen beschriftet: z.B. ein roter Zahn für den Wolf, ein gelber Kringel für das wollene Schaf. Dabei gibt es gleich viele Wölfe wie Schafe!
Jeder greift in ein Säckchen und zieht ein Etikett. Dieses Etikett klebt ihm ein anderer Mitspieler auf den Rücken.
Nun setzen sich die Schäfchen arglos in Bewegung. Sie versuchen durch Körperhaltung und Gangart charakteristische Wesenszüge dieser Tiergattung darzustellen. Eher zögerlich, kleinschrittig, ängstlich, anlehnungsbedürftig, tolpatschig ...
Sobald das Signal ertönt, erfolgt der Angriff der Wölfe. Kraftvoll und geschmeidig verfolgen sie ihre Opfer, sie fletschen die Zähne, knurren, heulen und bedrohen – ohne jedoch auch nur ein Schaf zu berühren. Allerdings dürfen beide Tiergruppen versuchen, in einem unbemerkten Augenblick einem Tier der anderen Gattung das Klebeetikett vom Rücken zu zupfen. Sobald dies gelungen ist, findet unter diesen beiden Spielern ein Tier-Wechsel statt. Ansonsten wird jeweils nach 5 Minuten zum Rollentausch gepfiffen.
Material: Klebeetiketten, Stifte

39 Knastgummi

Knastgummi ist ein tolles Geschicklichkeitsspiel für Entfesselungskünstler – und kleine Wüteriche kommen ebenfalls auf ihre Kosten. In jedem Durchgang sind wenigstens zwei, höchstens aber drei Spieler im Einsatz. Jede Spielergruppe benötigt außerdem einen Hüpf-Gummi. Ebenso geeignet ist natürlich ein ca. 4 m langer Hosengummi, der zusammengeknotet wird. Schon kann es losgehen. Ein Spieler verhält sich passiv. Er stellt sich regungslos in die Mitte und lässt sich vom Partner so richtig raffiniert einwickeln. Dabei zur Seite steht ihm der dritte Spieler. Er ist dabei behilflich, den Gummi beispielsweise über den Kopf, um ein Fußgelenk und von dort wieder hinauf zur Schulter zu ziehen usw. Außerdem ist es seine Aufgabe, darauf zu achten, dass der Gefesselte keinen Schaden nimmt. (Halswickel sind verboten!)

Sobald die letzten Zentimeter des Gummis eingearbeitet sind, darf sich der Gefesselte an die Arbeit machen. Mit Fingerspitzengefühl und Gewandtheit gelingt es ihm sicher, sich aus dem „Gummi-Knast" zu befreien. Nur nicht ungeduldig werden!
Material: Hosen- oder Hüpfgummi

40 Abkegeln

Ehrlich gefragt: Verspürt nicht jeder von uns ab und zu das dringende Bedürfnis, den anderen am Kragen zu packen, ihn zu schütteln oder ihn wenigstens einmal „abzukegeln"?
Zu diesem Zweck werden (natürlich ungekochte) Rohrnudeln mit den Namen der Gruppenmitglieder beschriftet oder mit Gesichtern bemalt. Diese harten Gesellen stellt man nun hübsch gruppiert am Ende eines längeren Tisches auf. An der gegenüberliegenden Seite wartet der erste Sportsmann. Mit einer Glasmurmel „bewaffnet" versucht er sein Glück. In Kegelmanier holt er aus, peilt an und schiebt die Kugel hinüber zu den „geliebten" Kameraden. Dabei hat er zwei Versuche frei. Gelingt es ihm, alle befreundeten Nudeln abzukegeln? Die Anzahl der Treffer werden gezählt und notiert. Sieger ist der Gewinner nach Punkten. Er darf zur Feier des Tages die italienische Soße zu einem leckeren Nudelgericht für alle zubereiten.
Material: Rohrnudeln, Stifte, Murmeln

III. Marmor, Stein und Eisen bricht ...
Versöhnungs- und Ruhespiele

So viele Konflikte in einer Gruppe auftauchen, die durchgehalten und ausgestanden sein wollen, so viele Versöhnungen sollte es auch geben. Das Verzeihen ist es nämlich, das konstruktiven Streit erst ermöglicht.

Man kann nicht lernen, energisch seine Meinung zu vertreten, wenn man die Erfahrung machen musste, dass einem daraufhin die Zuneigung anderer entzogen wird, Liebesverlust als Strafe für Eigeninitiative sozusagen. Besonders Kinder und junge Menschen sind auf Zeichen der Versöhnung angewiesen. Aber auch die Erwachsenen benötigen nach Kontroversen ein solchermaßen beruhigendes Feedback, um sich weiterhin ungezwungen in der Gruppe bewegen zu können. Selbst wenn sie gerne glauben möchten, über den Dingen zu stehen.

Eine Versöhnung kann entweder direkt verbal angeboten werden, eine Form, die bereits eine hohe soziale Kompetenz erfordert, oder aber man setzt Spiele ein, bei welchen sich die Menschen zwangsläufig wieder näher kommen. Im Spiel genügt dann häufig schon ein gegenseitiges sich in die Augen schauen, ein Lachen oder ein kleiner Körperkontakt, um das Eis zum Schmelzen zu bringen.

In Betriebsamkeit und Hektik fehlt häufig die Zeit, zwischenmenschliche Beziehungen auch wirklich im Sinne des Wortes zu pflegen. Meist wird nur Neues geplant, ein Termin jagt den nächsten, ungeduldig wird ein besonderes Fest erwartet ... In dieser „Und-was-kommt-jetzt-Haltung" wird die Notwendigkeit der Ruhe und Stille übersehen, einer Ruhe, in welche bereits vergangene Erlebnisse nachwirken können, wo emotionale Bedürfnisse hochkommen können, wo die Sehnsucht nach Harmonie und Verbundenheit ihren Platz hat.

Versöhnungs- und Ruhespiele 47

41 Das Baby will schlafen

Das folgende Ruhespiel ist wunderbar geeignet als Abschluss für einen lebhaften Tag oder einfach als Phase des Still-Werdens zwischendurch:

In der Mitte des Raumes liegt weich und kuschelig in Kissen gebettet ein Spieler – er verkörpert das Baby, das soeben eingeschlafen ist. Irgendwo im Raum befinden sich neugierige Besucher, die den Säugling im Schlafe bewundern möchten. Einer nach dem anderen schleicht sich auf Zehenspitzen und möglichst lautlos in Richtung Bettchen. Sobald das Kleinkind auch nur den geringsten Laut vernimmt, gibt es einen babymäßigen Quäklaut von sich und deutet mit seinem „Patschhändchen" in jene Richtung, aus welcher das Geräusch seiner Meinung nach kam. Der betreffende ungeschickte Besucher hat daraufhin wieder an seinen ursprünglichen Platz zurückzukehren und ein nächster Spieler versucht sein Glück. Wem es gelingt, bis zum Säugling vorzustoßen ohne dabei ein Geräusch zu produzieren, der darf dem Baby dreimal sachte über's Haar streicheln. Anschließend findet ein Rollenwechsel statt und der erfolgreiche Besucher legt sich gemütlich in das Bettchen. Er ist das Schlafbaby der nächsten Runde. Pssst!

Material: Kissen oder weiche Unterlage

42 Traumschaukeln

In der indianischen Heilkunst wird den Träumen große Beachtung geschenkt. Schon kleine Kinder werden angehalten, sich an ihre Träume zu erinnern, mit ihnen zu „arbeiten".

Denn was im Alltag oftmals zugedeckt wird, Entscheidungen die hinausgeschoben werden und Ängste, die keiner sehen darf, all diese Dinge tauchen im Traum an die Oberfläche und können dem Träumer sogar behilflich sein, den richtigen Weg zu gehen.

Gemeinsam trifft sich die Gruppe zum „Traumschaukeln". Bei Verdunkelung und Kerzenlicht lässt es sich wunderbar von jener

Nacht erzählen, als ein großes Ungeheuer nach den Schulheften griff. Oder von dem herrlichen Traum, als man mit einem Segelboot durch den Dschungel fuhr. Oder auch von einem Traum, den man jede Nacht hat – immer den gleichen. Der einen jedes Mal aus dem Schlaf aufschreckt und den man am liebsten nie wieder träumen möchte. Durch diese wirklich spannende und tröstende aber auch ent-deckende Traum-Arbeit kann eine Atmosphäre besonderen Vertrauens entstehen, in der man die anderen Gruppenmitglieder und sich selbst noch viel besser kennenlernen kann.
Material: Kerzen

43 Ein Merkzettel für Karla

Karla ist stets hilfsbereit und hat jederzeit ein offenes Ohr für alle Gruppenmitglieder. Ihr Hobby ist Kochen und Basteln. Karla haben alle gern, denn Karla ist super. So super und selbstverständlich, dass keiner weiter über sie nachdenkt.
Für diese Karla (oder diesen Karl), die es in jeder Gruppe in irgendeiner Form gibt, wird ein Merkzettel in das Notizbuch geheftet: „Dankeschön für Karla". Der Merkzettel soll daran erinnern, dass es ganz wichtig ist, die Leistungen der anderen zu sehen und sie anzuerkennen. Über kleine Aufmerksamkeiten freut sich jeder leise Helfer, und das Helfen bereitet dann gleich doppelt so viel Vergnügen.
Material: „Post-it-Zettel" oder Notizzettel

44 Schnüffel-Klamotten

Bekanntlich entscheidet ja die Qualität einer zwischenmenschlichen Beziehung darüber, wie gut man einander riechen kann. Inwieweit jeder tatsächlich über diese Fähigkeit verfügt, soll das folgende Spiel erweisen! Jedes Gruppenmitglied trägt einen ganzen Tag lang ein Tüchlein um den Hals. Dieses Tuch darf natürlich von den anderen nicht gesehen werden. Also, am besten, man versteckt es unter einem Rollkragenpullover.

Am Abend des selben Tages wird zum Klamotten-Schnüffel-Test gerufen. Alle Mitspieler stecken unauffällig ihr eben abgelegtes Halstuch in einen Topf. Dieser Tücher-Topf steht nun in der Mitte des Spielerkreises. Einer nach dem anderen entnimmt ein Exemplar (natürlich nicht sein eigenes!) und führt eine gewissenhafte Geruchsprobe durch. Na? Wird er den Träger des Tuches benennen können? Die Aussage „Das stinkt" wird geflissentlich überhört, während der Spieler mit einem „sicheren Riecher" mit 100 Schnupperpunkten belohnt wird.
Material: pro Teilnehmer ein Halstuch, Topf oder ähnlicher Behälter

45 Die Küsschenkette

Die Gruppe sitzt reihum am Boden. Der Starter – und das ist jedes Mal ein anderer – überlegt sich eine ganz besondere Stelle des Gesichtes, die er mit einem Küsschen bedenken will. Die Nasenspitze vielleicht? Er beginnt bei demjenigen Mitspieler, welchem er gefühlsmäßig gerade am nächsten steht und drückt ihm einen Kuss auf die Nase. Der „Geknutschte" gibt diesen Liebesbeweis unmittelbar und qualitativ vergleichbar (gleiche Stelle, gleich laut, beherzt oder zaghaft ...) an seinen Sitznachbarn weiter.

Tipp:
Bereits pubertierende Söhne und Töchter müssen von diesem Spiel nicht zwangsläufig „verschont" werden. Denn häufig hätten gerade widerspenstige Teenager eine zärtliche Geste besonders nötig, und: Die Macht der Gewohnheit nimmt mit der Zeit die Scheu vor Berührungen.
Material: –

46 Drei Wünsche

Ein Spiel wie im Märchen! Jeder Teilnehmer schließt die Augen und darf seine geheimsten und größten Wünsche einmal in aller

Ruhe und ohne Zensur vor seinem geistigen Auge Revue passieren lassen.
Im Anschluss daran dürfen diese Wünsche auf *ein* großes Blatt gemalt oder gezeichnet werden. Dazu spielt eine ruhige Hintergrundmusik.
Jeder Teilnehmer erhält soviel Zeit, wie er benötigt. Die anschließende Betrachtung der Bilder wird einigen Aufschluss darüber geben, warum sich einzelne Gruppenmitglieder nicht so recht wohlfühlen in ihrer derzeitigen Rolle. Sicherlich kann dieses Spiel die Umstände nicht grundlegend ändern! Dennoch stärkt die Tatsache, einmal gehört zu werden und sich vor allen Dingen auch einmal die geistige Freiheit zum Träumen nehmen zu dürfen, unglaublich das Vertrauen in den Rest der Gruppe.
Material: Papier, Stifte

47 Der Schatz im Kühlschrank

Liebe geht durch den Magen, diese Volksweisheit ist nur allzu berechtigt.
Aus diesem Grund bietet es sich an, nach einer besonders „brenzligen" Situation den Kühlschrank des Gemeinschaftsraums zu füllen. Dabei könnte es sich um eine besonders beliebte Nachspeise in der großen Gemeinschaftsschüssel handeln (alle löffeln aus einem Gefäß), um eine „Schlachtplatte" (zu essen wie im alten Rom: auf dem Boden liegend und unter Zuhilfenahme aller Finger) oder um bunt gestaltete hartgekochte Eier (unabhängig von der Osterzeit!) ... Der Fantasie sind keine Grenzen gesetzt.
Wer mag, läutet das Versöhnungsmahl mit einem gemeinsamen Spruch ein:

> „Es gibt viele Freuden!
> Wir können uns gut leiden!
> Jeder isst, soviel er kann,
> Frau und Mann, ran!"

Material: alles, was schmeckt

48 Konzept der Harmonie

In Gedichtform oder Prosa wird in Gemeinschaftsarbeit ein „Konzept der Harmonie" verfasst. Zur täglichen Betrachtung und Erinnerung an positive, dem sozialen Klima förderliche Vorsätze wird dieses Plakat gut sichtbar im Aufenthaltsraum aufgehängt.
Was mögen wir gerne, was bereitet uns Freude, was sind die Voraussetzungen für eine Atmosphäre des Vertrauens usw? Nach Diskussionen solcher Vorstellungen für das Leben in Gemeinschaft geht es dann ans Werk.
Die literarischen Ergüsse der einzelnen Gruppenmitglieder werden zunächst einzeln erarbeitet und dann zu einem Gesamtwerk zusammengefasst.
Beispiel:

> Frohsinn am Morgen,
> vertreibt viele Sorgen.
> Es grüßt dich ein Freund,
> der's gut mit dir meint.
> Toleranz gegenüber allen,
> das würde uns gefallen ...
> Muss einer weinen,
> nimm ihn in den Arm.
> So geht es leichter,
> ein Lächeln hält warm.

Material: Papierbogen (Plakat), Stifte

49 Der Friedenscocktail

Was den Indianern die Friedenspfeife ist, sei den Gruppenmitgliedern der Friedenscocktail.
Dazu setzen sich alle versöhnungsbereiten Teilnehmer gemeinsam um einen Tisch. In der Mitte des Tisches steht ein Sortiment an unterschiedlichsten Getränken: mehrere Saftsorten, Limo, Mine-

ralwasser, Tonic-Water und kleingeschnittene Früchte oder Kräuter. Jeder Cocktail-Forscher hat ein oder zwei leere Gläser vor sich stehen, in welchen er die ungewöhnlichsten Mischungen kreiert. Am Schluss wird abgestimmt, welche Geschmacksrichtung einem Friedenscocktail am nächsten kommt. Dann nimmt jeder Mitspieler einen bedächtigen Schluck davon und reicht das Glas weiter. Und wie bei den alten Indianern ist der Streit hiermit vergessen, begraben und ertränkt, prosit!
Material: verschiedene Getränkesorten, Früchte, Gläser

50 In der Maske

Bei diesem Spiel können gerade Gruppenmitglieder mit Berührungsängsten ihre Scheu vor Körperkontakt abbauen, denn sie werden geschminkt. Voraussetzung ist eine Skizze, die die Maler vor Beginn des Schminkens anfertigen. Daran können sich besonders kontaktscheue Mitspieler „festhalten", quasi als Ablenkung während des Bemalens des Partners.

Mit einer speziellen Aufgabe verbunden gelingt es leichter, die Haut des Gegenübers zunächst gefühlvoll einzucremen, sie dann zu bemalen und abzupudern. Zuletzt werden die fertigen Masken prämiert, und zwar nach *Sorgfalt* in der Arbeit. Denn diese setzt Gefühl, Ausdauer und eine gewisse Zärtlichkeit während des Kontaktes voraus.

Tipp 1:
Das Spiel ist längst nicht nur als Faschingsgag gedacht!

Tipp 2:
Fotoapparat nicht vergessen!
Material: Schminkutensilien

51 Sumserei

„Sumserei" ist die wortlose Variante des bekannten Telefonier-Spieles, bei welchem der Starter ein geheimes Wort in das Ohr des Nebenmannes flüstert. Diesmal wird jedoch nicht geflüstert, sondern gesummt.

Bei der Botschaft soll es sich um eine freundliche Mitteilung handeln, wie bereits in der Melodieführung herauszuhören ist. Eher heller im Klang, eher weich im Ausdruck und nur selten brummig. Der Erste gibt die Summbotschaft zum Nachbarn weiter, dieser kopiert sie am Ohr des Nächsten und so weiter. Bleibt abzuwarten, welche Melodie beim letzten der Spielerkette ankommt. Ob er die verschlüsselte Nachricht dekodieren kann?

Richtig, „Ich finde dich gut" lautete vielleicht die Ausgangsbotschaft. Sie auszusprechen fällt gar nicht so leicht. Doch mit etwas Übung können sogar „gesprochene Sumsereien" durch's Telefon geschickt werden, wer weiß?

Material: –

52 Der Versöhnungskuchen

In der Küche wird gemeinsam ein einfacher Sandkuchen gebacken. Wem das zuviel Arbeit ist, der kauft einen ebensolchen in der Bäckerei.

Das wichtigste am Versöhnungskuchen ist nämlich das „Outfit". Dazu benötigt man ausreichend Glasur in der gewünschten Farb- oder Geschmacksrichtung. Außerdem besorgt jeder Mit-Esser eine Kleinigkeit zum Eindrücken in die Glasur. Um welches mehr oder weniger reuige Versöhnungspfand es sich dabei handelt, bleibt so lange geheim, bis der Kuchenüberzug fest zu werden beginnt. Rasch kleben alle ihre Miniüberraschung auf und fertig ist das Prachtstück. Wenn das kein Anlass für ein harmonisches Teestündchen ist ...

Variante:
Es gibt auch einen sogenannten Versöhnungsfahnenkuchen! Dabei klebt jeder einen kleinen Zettel oder ein Marmeladenetikett an einen Zahnstocher und steckt die beschriftete Fahne an den fertigen Kuchen.
Material: Kuchenglasur, diverse essbare Miniüberraschungen (z.B. Gummibärchen usw.)

53 Eine Rate-Massage

Ob akut gefährdeter Streithahn oder Dauermuffel – er kommt heute einmal in den besonderen Genuss einer Rate-Massage:
Dazu legt er sich in Bauch- oder Seitenlage mitten auf den Fußboden. Eine Handtuchunterlage und ein kleines Kopfkissen sollen den Liegecomfort erhöhen. Nun wird der Spieler mit einer flauschigen Decke zugedeckt und darf die Augen schließen. Ab jetzt ist Blinzeln nicht mehr erlaubt! Es schleicht sich nämlich der erste Masseur auf Zehenspitzen heran und beginnt den Liegenden durch die Decke hindurch zu „massieren". Ruhige kreisende Bewegungen, rhythmische Klopfbewegungen, Auf- und Ab-Massagen und so weiter. Dazwischen schreibt er bis zu dreimal den Anfangsbuchstaben seines eigenen Vornamens auf den Rücken des passiven Mitspielers. Möglichst groß und über die gesamte Rückenfläche! Ob der „Schläfer" seinen Wohltäter erkennen wird? In jedem Fall hat er aber einen Grund, warum er sich die „kindische" Massage „gefallen lassen muss". Schließlich soll er ja auf die richtige Lösung kommen – und gekrault werden ist eben einfach wunderschön, selbst für coole Jungs (in allen Altersstufen).
Material: Kissen, weiche Unterlage (Decke)

54 Finger im Fühlsack

Ein Karton wird mit Reis, Trockenlinsen und Erbsen gefüllt. Darin versenken drei oder vier Mitspieler jeweils eine Hand und wühlen erst einmal genüsslich im Körnerhaufen herum. Ein herrliches Gefühl für jeden einzelnen Finger! Dieselben machen sich nun auf die Suche nach anderen Fingern. Da zuckt man vielleicht spontan zurück, oder man findet die unerwartete Berührung zum „Kaputtlachen komisch". Auf jeden Fall wird solange abgetastet und erspürt, bis jeder weiß, wessen Händchen er gerade festhält.

Tipp 1:
Über alle „untergetauchten" Hände wird ein Tuch gelegt, so wird es noch spannender.

Tipp 2:
Auch Füßeraten macht großen Spaß.
Material: Karton, Reis, Linsen, Erbsen

55 „Wenn ich du wäre ..."

Mit diesen Worten beginnt jeder Mitspieler seine Rede: Alle Teilnehmer sitzen im Kreis. Der Starter hat ein Stöckchen vor sich liegen. Damit zeigt er rasch auf einen anderen Mitspieler, zu welchem ihm in der Kürze der Zeit etwas einfällt, z.B. „Wenn ich du wäre, würde ich das Sporttraining nicht so übertreiben". Der Angesprochene nimmt diese Nachricht lediglich zur Kenntnis. Er nickt, zum Zeichen, dass die Botschaft akustisch angekommen ist. Sofort greift nun er zum Stab, legt ihn in Richtung eines nächsten Spielers und versetzt sich in diesen hinein: „Wenn ich du wäre, würde ich mich nach anderen Freunden umsehen."
Oder: „Wenn ich du wäre, würde ich versuchen, etwas aus meiner musikalischen Begabung zu machen."

Regel:
Auf Wertungswörter wie gut/schlecht sollte nach Möglichkeit verzichtet werden. Wer beleidigend wird, scheidet aus.

56 Versöhnungs- und Ruhespiele

Tipp:
Diese sehr ehrliche und offene Spielform sollte vorher durchgesprochen werden. Sinn der Sache ist es, sachlich und spontan auf ein anderes Gruppenmitglied zuzugehen und ihm wertfrei auf anständige Art und Weise einen Wink zu geben oder ihm eventuell auch einen kritischen Spiegel vorzuhalten.
Voraussetzung für dieses Spiel ist eine Atmosphäre des Vertrauens.
Material: Stab, Stöckchen

56 Tischtuchreigen

Heute ziert eine Einweg-Tischdecke aus hellem, einfarbigem Papier den Gruppentisch. Jeder Mitspieler hält einen Kugelschreiber in der Hand und lässt sich eine versöhnliche Botschaft oder eine kleine Liebeserklärung einfallen. Diese kleidet er in schöne Worte und schreibt sie an den äußersten Rand des Tischtuches. Dann schließen alle Umsitzenden die Augen und auf ein Kommando hin drehen sie das Tischtuch. Hau-ruck, hau-ruck, hau-ruck – solange, bis jemand „Halt!" ruft. Alle öffnen die Augen und lesen, was vor ihnen geschrieben steht.

Ob Bussi-Bär mit seiner Meldung auch den richtigen Adressaten getroffen hat, bleibt dahingestellt. Auf jeden Fall freut sich auch ein „falscher" Empfänger über eine solch liebliche oder lustige Tischpost.

Material: Einwegtischdecke, Stifte

57 Das Maskottchen

Ein großes Stück Papier im Hochformat wird vom ersten Spieler bemalt. Er soll ganz oben auf das Blatt eine Kopfbedeckung zeichnen. Hut, Mütze oder Haarpracht wird umgefaltet und so an den nächsten Zeichner weitergereicht. Dieser erfindet ein Gesicht für das Gruppenmaskottchen. Dieses wird ebenfalls umgeknickt und an den Nebenmann abgegeben. Er kümmert sich um die Halspartie mit Hemdkragen, der nächste kreiert eine Oberbekleidung usw., bis am Ende eine witzige Figur herauskommt. Die entstandene Glücksfigur wird mit dunklem Filzstift umrandet und farbig ausgestaltet.

Material: Papier, Stifte

58 Schau mir in die Augen, Kleines

Wer kennt diesen Spruch nicht. Frei nach Humphrey Bogart soll bei diesem Spiel einmal ausprobiert werden, ob man einem Gruppenmitglied in die Augen sehen kann und wie lange. Das ist nämlich eine ganz verflixt schwierige Übung.
Zwei Teilnehmer sitzen einander gegenüber. Ohne äußeres Signal bestimmen die beiden selbst, wann sie es miteinander aufnehmen wollen. Wer will, führt diese Übung ohne Zuschauer aus.
Jeder sollte mit jedem Gruppenmitglied irgendwann die Ehre haben.
Ohne groß zu werten, dürfen die Teilnehmer die Verläufe der Blickspiele zur Kenntnis nehmen. Ob nun derjenige, der früher weggeschaut hat, der Schwächere war bzw. der Sensiblere, oder ob der mit dem standhaften Blick der Stärkere ist, bleibt dahingestellt. Wesentlich dabei ist, sich anschließend einige Gedanken über die Persönlichkeit des Gegenübers zu machen, hinzuspüren, welchem Menschen man da ins Auge geblickt hat – und was man dabei über sich selbst erfahren hat.

Material: –

59 Herz ist Trumpf

Auf dem Asphalt wird mit Straßenkreide das Herz eines Mitspielers gemalt. Es handelt sich zum Beispiel um „Ottos Herz". So steht es auch inmitten der Zeichnung geschrieben.

Alle Gruppenmitglieder besorgen sich eine stattliche Anzahl an runden Kieselsteinchen und stellen sich hinter einer Abwurfmarkierung auf. Ziel des Spieles ist es, so viele Steine wie möglich in Ottos Herz zu landen. Ein tolles Gefühl, wenn einem einmal alle Freunde so richtig nahestehen wollen …
Material: Straßenkreide, Kieselsteinchen

60 Tief durchatmen

Ein sehr empfehlenswertes Mittel, um zur Ruhe zu kommen, ist das bewusste Atmen. Die folgende Entspannungsübung kann man bereits mit kleinen Kindern erfolgreich durchführen. Für sie heißt die Übung das „1-2-3-Schnaufspiel".
Alle Teilnehmer sitzen bequem auf ihren Stühlen. Zur Überleitung darf nun jeder ein-, zweimal ganz tief Luft holen und sie geräuschvoll wieder ausatmen, bzw. hinaussingen. Das klingt dann etwa so wie eine Sirene. Man beginnt mit dem höchstmöglichen Ton und endet stimmlich ganz unten. Ausgeatmet wird dabei auf eine bestimmte und selbstgewählte Buchstabenfolge wie zum Beispiel auf „phu", „hia", „hi", „miu" usw. (Vokale im Anlaut sind ungeeignet, da man leicht in Versuchung gerät zu pressen.)
Dieser Sirenenchor hört sich sehr lustig an und reizt zum Lachen. Umso besser, dann fällt der ernstere zweite Übungsteil noch leichter. Jetzt nämlich legt jeder Teilnehmer beide Hände auf seinen Bauch. Gegen das Gewicht der Hände wird nun eingeatmet, wobei sich der Bauch nach oben wölbt. Dabei zählt jeder für sich langsam bis drei und lässt anschließend die Luft wieder ausströmen, wobei ebenfalls bis drei gezählt wird. Die Atemübung wird so oft wiederholt, bis sich ein Entspannungsgefühl einstellt.

Tipp:
Wer mag, führt die Übung im Liegen aus.
Unterlage nicht vergessen!
Material: –

IV. Wenn der Hans noch Hänschen heißt
Autonomiespiele

Die Qualität sozialer Beziehungen ist unmittelbar abhängig von den herrschenden Machtverhältnissen innerhalb der Gruppe. Gibt es bestimmte Personen, die in der Regel das Sagen haben und die damit andere Gruppenmitglieder einengen oder gar unterdrücken? Oder gibt es andererseits besonders schwache Personen, die ihr Unvermögen und ihre Schwäche (bewusst oder unbewusst) einsetzen, um damit die übrigen Mitglieder in ihre Dienste zu stellen? Gibt es unauffällige und ruhige Mitglieder, die vielleicht emsig arbeiten, jedoch im sozialen Bereich nie in irgendeiner Form zur Geltung gelangen, die damit das Potenzgefühl der Starken noch verstärken ...?

Es liegt auf der Hand, dass die Machtverteilung dort häufig am unausgewogensten ist, wo es „Hänschen" gibt. Wo also junge und jüngste Personen zu einer Gruppe gehören oder neu dazustoßen. Sie sind hilfsbedürftig und laufen die größte Gefahr, vollständig verwaltet zu werden.

Bereits im Kleinkinderalter wird die Basis gelegt für Selbstbewusstsein und Selbständigkeit. Wenn es also gelingt, Kindern das Gefühl zu vermitteln, dass sie ernstzunehmende Wesen sind, denen ein fester Platz mit dazugehörigem kreativem Entfaltungsspielraum eingeräumt wird und sie in ausreichendem Maße lernen dürfen, selbst über ihre eigene Person zu bestimmen, so sind wichtige Schritte gemacht hin zur Entwicklung eines positiven Gesamtklimas. „Zufriedenheit" ist wohl das Schlüsselwort. Erlebt sich jeder Mensch überwiegend als willkommen, als wichtig und als kompetent, wird er mit sich selbst zufrieden sein. Damit steigt auch die Lust auf ein freiwilliges und konstruktives Miteinander.

Voraussetzung für die Entwicklung von Autonomie ist das Sichangenommen-fühlen und das Dazugehören zum Gruppenverband. Sicherheit und Geborgenheit geben erst den Mut zur individuellen Entfaltung. Ferner ist es wichtig, jeder Person das Recht auf eine eigene Meinung einzuräumen und ernsthaft danach zu fragen, wo diese Person in ihrer Meinung auch Recht haben könnte (auch wenn sie nicht dem Gros der Gruppe entspricht). Auch ein unreflektiertes Nein sollte mitunter seine Gültigkeit haben dürfen. Denn nur wer gelernt hat Nein zu sagen, wird auch freimütigen Herzens Ja zu einer Sache sagen können.

Ebenso sollten die Personen insbesondere zu Beginn einer Gruppenformierung erfahren, dass sie auch individuell handeln dürfen. Vielleicht wird sogar eine Ecke des Raumes für ihr persönliches Vorhaben freigehalten ...

Der gemeinsamen Betrachtung und der persönlichen Wertschätzung von Ergebnissen, Ideen oder sozialer Leistungen ist großer Wert beizumessen. Gemeint ist hierbei nicht die überzogene Glorifizierung Einzelner. Dies würde wiederum den Neid der anderen erregen. Nein, der schnelle Sprinter erfährt gleichermaßen eine Würdigung seiner Laufzeit, wie z. B. der Poet für seinen gekonnten Umgang mit Sprache oder der passionierte Bastler für seine raffinierte Umgestaltung eines Hamsterkäfigs zum Leiterwagen ...

Zur Entwicklung von Autonomie gehört auch notwendig, sich Distanz in der Nähe verschaffen zu können. Es sollte respektiert werden, dass man manchmal wirklich in Ruhe gelassen werden will, um dann mit neuer Kraft auf andere zugehen zu können.

Und zuletzt ist es sicherlich wichtig, eigene Grenzen erfahrbar zu machen, auch Zeiten der Frustration ertragen zu lernen, um damit fertig zu werden, wenn einmal nicht alles so läuft, wie man es gerne möchte.

Dieses Kapitel beinhaltet 20 Spiele zur Festigung einer selbstbewussten Haltung von Kindern und Erwachsenen, um ihnen zu signalisieren, dass sie wichtig sind.

61 Hier wohnt ...

Wenn sich hinter einer Türe eine Gruppe von Menschen befindet, die sich die „Sternchen-Gruppe", „Musikkurs A" oder „Familie Kuckuck" nennt, so weiß noch lange nicht jeder, dass dort auch ein Hänschen K. zu finden ist. Deshalb wird ein großes Türschild gebastelt – versehen mit den Namen aller Mitglieder, auch der Jüngsten. Schließlich ist man doch wer, das wissen (hoffentlich) bereits die kleinen Kinder. Und damit man auch wirklich niemanden übersieht, wird unter das Türschild ein zweites Zeichen gesetzt: Ein farbiger Kartonstreifen, auf welchem jedes Gruppenmitglied seinen Fußabdruck hinterlässt, denn hier hat jeder einen sicheren Standplatz!
Material: Zeichenkarton, bunte Stifte, Fingerfarbe

62 Heute ist Bestimmer-Tag

Alle Mitglieder einer Gruppe schreiben ihren Namen auf ein Stück Papier. Die Zettel werden gefaltet und in einen Lose-Topf gefüllt. Anschließend wird gezogen. Die Namen werden in der Reihenfolge der Ziehung untereinander notiert und mit Nummern versehen. Der erstgenannte Spieler ist der Bestimmer 1. Er darf sich einen Tag auswählen, an welchem er für drei Stunden das Sagen hat. Welche Spiele gespielt werden, wer eingeladen werden soll, welche Lieder gesungen werden …, das alles unterliegt dem Bestimmer 1 in dieser vereinbarten Zeit.
Dieselben Vorzüge genießt Bestimmer 2 an einem anderen Tag. Bestimmer Nummer 3 wählt wieder ein neues Datum für seine „Alleinherrschaft" und so weiter. Wie schön, wenn einem mal gar keiner dreinreden kann. Nur – hoffentlich fällt auch jedem Verantwortlichen ein rahmenfüllendes Programm ein.
Material: Papier, Stifte

63 Tina-Burger und Nina-Nudel

Jeder Mensch hat ein Leibgericht. Tina zum Beispiel läuft bei Fisch-Burgern das Wasser im Munde zusammen. Allerdings müssen dabei genau zwei Fischstäbchen und ein Radieschen in zwei Brötchenhälften gelegt werden – betoniert in „Ketchup-Majo". Bei Nina sind es die speziellen Locken-Nudeln mit Käsesoße und einem Häufchen Marmelade obenauf. Geschmäcker sind eben verschieden. Wenn aber der eigene Name in direkter Verbindung mit einer so leckeren Köstlichkeit steht, dann ist das schon eine tolle Sache. Das prägt sich ein, denn „nach mir ist sogar ein Gericht benannt worden". Mahlzeit!

Tipp:
Solche Spezialgerichte könnten auch nach ganzen Gruppen oder Familien benannt werden ...

Material: alles, was schmeckt

64 Ein Name wie aus dem Bilderbuch

Kennen Sie den?
Ein Kind kommt in die Schule. Dort wird es gefragt, wie es heißt. Das Kind antwortet: Schnucki Meier.
Damit einem Sprössling diese Blamage erspart bleibt, schenkt man seinem richtigen Vornamen Beachtung und spricht das Kind auch bevorzugt damit an. Der Name hat große Bedeutung für die Identität des Namensträgers.
Beim folgenden Spiel geht es darum, den eigenen Vornamen positiv zu besetzen und ihn kreativ auszugestalten.
Jeder Mitspieler – insbesondere die Jüngeren und Jüngsten einer Gruppe – erhalten Papierstreifen und Malstifte. Auf dem Streifen wird nun in großen Druckbuchstaben und mit reichlich Abstand zwischen den einzelnen Lettern der eigene Vorname geschrieben. Für Kinder, die noch nicht schreiben können, übernimmt diese

Arbeit ein Erwachsener. Dann geht es ans Tüfteln! Zu jedem Buchstaben des Namens (um ihn herum, in ihn hinein) soll nämlich ein Bildchen gefunden werden, in welches sich die Form des Buchstabens gut einfügt.
Z.B.:

Die fertigen Kreationen werden an die entsprechende Zimmertüre oder auf ein Gemeinschaftsplakat gepinnt.
Material: Papier, Buntstifte

65 Blumenkönig und Blumenkönigin

Blumen werden ja oft mit den edelsten Namen bedacht: Königin der Nacht, Schwarzäugige Susanne, Rittersporn ...
Bei diesem Spiel darf jedes Gruppenmitglied eine Blumenzwiebel in einem Topf mit Erde versenken. Am Topf wird ein riesiges Schild angebracht, auf dem der richtige Name des Pflanzers – sowie der frei erfundene Märchenname der Blume geschrieben steht.
Thomas plaziert nun das gute Stück am Fensterbrett und sorgt für die tägliche Pflege. Wichtig: Thomas stellt sich dabei vor, selbst diese Zwiebel bzw. die Blume zu sein – welche Behandlung würde er benötigen? Welches Ergebnis könnte bei guter Pflege zu erzielen sein? Eine aufregende Sache, dieses Blumenspiel! Insbesondere dann, wenn auch in begleitenden Gruppengesprächen der Bogen zur eigenen Person geschlagen wird: Welche Pflege bräuchte ich selbst, welche Behandlung täte mir gut, durch welche regelmäßi-

gen „Streicheleinheiten" könnte es gelingen, damit die persönlichen Anstrengungen im Leben Früchte tragen …?

Tipp:
Amarylliszwiebeln eignen sich besonders gut. Sie treiben mehrere Blüten von enormen Ausmaßen.
Material: Blumentöpfe, Blumenerde, Blumenzwiebeln, Papier, Stifte

66 Mein Ich-Täschchen

So ein Ich-Täschchen ist ein kleines Täschchen oder ein Beutel, das um den Hals des Kindes hängt. Darin befinden sich lauter eminent wichtige Dinge, die Auskunft geben über die Identität des Kindes (falls es im Urlaub, im Supermarkt oder auf einem Ausflug einmal verloren geht …). Also: Eine selbstgebastelte Kopie des Reisepasses, ein Kärtchen mit Anschrift und Telefonnummer, evtl. ein Zettel mit Vermerken zur Gesundheit des Kindes (wichtige Medikamente, Allergien …). Im Täschchen befinden sich auch allerlei Dinge, die das Kind selbst für unverzichtbar hält wie etwa: ein Bild vom Goldhamster, ein Adressbüchlein mit Anschriften der besten Freunde, die Glücksmurmel von Opa und natürlich eine kleine Geldbörse. Zuletzt wird der Beutel mit einer Trillerpfeife und einem knallfarbigen Luftballon komplettiert. Diese beiden Dinge dienen einem kleinen Helden in Not dazu, auf sich aufmerksam zu machen. Entweder durch schrille Pfiffe oder durch Winken mit dem bunten Ballon. „Hallo, hier bin ich!"
Effektiv genutzt werden kann das Ich-Täschchen auch in folgenden Fällen: Wenn Gruppen unterwegs sind, werden in der Regel mehrere Pausen für das leibliche Wohl eingeplant. Wenn es aber außer diesen ständig zu Unterbrechungen kommt, weil wieder jemand ein Taschentuch benötigt, ein anderer wissen möchte, welche Adresse er auf die Karte an Elmar schreiben soll, so ist da eine lästige Sache. Diesem Stress kann man mit dem sogenannten „Ich-Täschchen" aus dem Weg gehen!
Material: kleines Täschchen, Kopie des Personalausweises, Geldbörse, Diverses

67 Ich bin's

Bei diesem Fangspiel geht es darum, Gruppenmitglieder am Klang der Stimme zu erkennen.
Ein Spieler – der Fänger – steht mit dem Gesicht zur Wand. Hinter ihm gruppieren sich alle anderen Teilnehmer und verhalten sich mucksmäuschenstill. Durch Gebärdensprache einigen sich diese über den jeweils nächsten Sprecher. Der klopft nun dreimal auf den Rücken des Fängers. Daraufhin fragt dieser: „Wer ist da?" Der Klopfer antwortet nun lediglich mit einem Wort: „Ich!" Erkennt der Fänger, wer ihm da auf die Schulter getippt hat? Wenn nicht, darf er noch zweimal nachfragen, erhält aber immer dieselbe kurze Antwort. Sobald der „Blinde" den richtigen Namen des Klopfers ausgerufen hat, rennt dieser blitzartig davon und der Fänger saust ihm hinterher. Hat er ihn eingefangen, so wird er Fänger in der zweiten Runde.
Material:

68 Löwe, Vogel, Maus

Der Spielleiter bereitet für dieses Spiel etwa 10 Fragen vor, die die Kinder nicht unbedingt beantworten können müssen. Wohl sollten sie sich aber für *eine* Antwort von drei möglichen entscheiden und zu ihrer Entscheidung in Form eines „Kringels" stehen können. Lustigen Fragen ist auf jeden Fall der Vorzug zu geben!
Nun liest der Spielleiter also seine erste Frage von einem Merkzettel ab. Auf dem von den Kindern auszufüllenden Spielplan sind nur die drei Antworten mit den drei Kringelfeldern zu sehen! Den drei Spalten wird jeweils ein Tiersymbol zugeordnet. Wer hat wohl recht: der Vogel, die Maus oder der Löwe?

Spielplan

Beispiel:
1. Frage: Wie heißt das Baby von einem Reh?

2. Frage + drei Auswahlantworten

3. Frage ... usw.

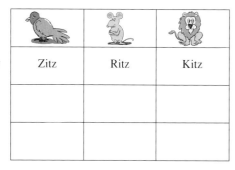

Zitz	Ritz	Kitz

Drei Kinder nehmen gleichzeitig an einem Durchgang teil und sitzen gemeinsam vor *einem* Spielplan. Sie lauschen der ersten Frage. „Wie heißt das Baby von einem Reh?"
Die Kinder bekommen etwa ½ Minute Bedenkzeit, bevor der vor ihnen liegende Antwortstreifen aufgedeckt wird. Heißt das Tierchen nun Ritz, Zitz oder Kitz? Tja, da ist guter Rat teuer. Es hilft nur eines: Sich rasch für eine Lösung zu entscheiden, und einen Kringel im entsprechenden Feld zu machen, unabhängig vom linken oder rechten Nebenmann – denn wer weiß schon, ob sie die richtige Antwort kennen!
Jedes Kind benützt eine andere Farbe für die Kringel! Jeweils richtige Antwortkringel kennzeichnet der Spielleiter mit einem speziellen größeren Kringel in gelber Leuchtfarbe.
So kann man am Schluss leicht an den Farben ablesen, wer sich wie oft *richtig entschieden* hat.

Tipp 1:
Dabei könnte überlegt werden, warum Toni und sein Freund Heinz immer im gleichen (und auch meist verkehrten) Feld einen Kringel gesetzt haben. Wer von beiden traut sich da selbst keine eigene Meinung zu? Vermutlich jener, der als zweiter sein Zeichen gesetzt hat ...

Tipp 2:
Womöglich lassen sich manche Kinder sogar von den Bildsymbolen beeinflussen: Ein großer, starker Löwe, der muss doch schließlich Recht haben, oder …?
Material: Papier, Stifte

69 Größometer-Bilder

Zu den Kleinen und Kleinsten in einer Gruppe zu gehören, ist schon eine ungerechte Sache. „Warte, bis du groß bist …", heißt es da. Wie gemein! Doch was wäre, wenn aus den Gruppen-Minis plötzlich riesige Lulatsche werden, solche mit scheinbar gewaltigem Einfluss und jeder Menge Autorität?
Nichts leichter als das: Man nehme an einem heißen Sommertag die Kleinsten der Gruppe an die Hand und führe sie in die Sonne. Dort werfen sie Schatten von ungeheuerlichen Ausmaßen auf den Asphalt. Schnell eine Straßenkreide her und es geht ans Malen. Die Umrisse des in Sekundenschnelle gewachsenen Kindes werden farbig auf das Trottoir gebannt und zuletzt mit einem Meterband abgemessen.

Tipp:
Wer mag, legt einen langen Papierstreifen auf den Boden und zeichnet das Schattenbild darauf – zum Aufbewahren und als Motivation für besonders schlechte Tage.
Material: Straßenkreide, Maßband

70 Kontakt-Ampeln

In zwischenmenschlichen Begegnungen und Kontakten spielt die Frage nach Nähe und Distanz eine große Rolle. Oftmals möchte man gerne seine Ruhe, aber so ganz alleine ist es doch nicht schön. Dann wieder hätte man gerne engen Kontakt zum nächsten, dieser aber reagiert ausgerechnet heute sehr schroff. Eine schwierige Sache, in der so mancher Selbstzweifel seinen Ursprung hat.
Für das folgende Spiel benötigt jedes Kind drei Kartonkreise (ca. 15 cm Durchmesser), die in den Farben der Ampel angemalt werden. Damit beim Laufen nicht Kreise verloren gehen, fädelt man alle drei locker auf eine Schnur. So gerüstet, spazieren, laufen oder hüpfen nun alle Mitspieler kreuz und quer durch einen großen Raum. Nun versucht jeder, Kontakt zu einem anderen Teilnehmer aufzunehmen, indem er sich etwa fragend vor ihn hinstellt oder mit dem Finger auf ihn deutet:
Der „Angesprochene" hat nun drei Reaktionsmöglichkeiten:
- Zeigt er die rote Ampel, so bedeutet das:
  Ich möchte gerne meine Ruhe. Lass mich bitte alleine. Beide Spieler laufen weiter.
- Die gelbe Ampel heißt:
  Ich weiß nicht recht. Was möchtest du denn spielen?
  Daraufhin muss der Kontakt-Suchende einen Vorschlag machen. Diesen kann der Angesprochene nun annehmen oder aber freundlich ablehnen.
- Die grüne Ampel signalisiert:
  Herzlich willkommen, ich habe schon auf Dich gewartet. Lass uns etwas zusammen spielen.

Beide Spieler haken sich unter und drehen gemeinsam eine Runde. Dann lassen sie sich los und gehen erneut auf Kontaktsuche im Kreis der Mitspieler.

Dieses Spiel sensibilisiert für nötige Distanz oder Nähe zu anderen und schärft die Selbstwahrnehmung.

Material: Kreise aus Karton, Farbstifte in rot, grün und gelb

71 Das Wunschhotel

Mit Kreide wird ein großes Haus auf den Asphalt gezeichnet. Das Haus hat so viele Fenster wie Mitspieler. Jeder Mitspieler malt in eines davon ein Portrait von sich selbst. Dann wird gespielt!

Alle Teilnehmer suchen nach einem Kieselstein und stellen sich an einer markierten Linie auf.

Achtung: Der erste Wurf gilt! Wer nämlich das Steinchen in sein eigenes Fenster zielt, hat einen besonderen Wunsch frei. Ob es darum geht, einen Abend länger aufzubleiben, das Lieblingsgericht serviert zu bekommen oder zu entscheiden, wohin der nächste Ausflug führen soll, ist einerlei. Wer getroffen hat, hat das Sagen.

Regel:
Materielle Wünsche sind tabu!

Material: Straßenmalkreide, Kieselsteinchen

72 Open-End

Es bedarf Entscheidungsfähigkeit und der Fähigkeit zu strukturiertem Denken und planvollem Vorgehen, wenn zu einer vorgegebenen Geschichte ohne Ende ein individueller Abschluss gefunden werden soll.
Ob die Kleinsten innerhalb einer Gruppe bereits schreiben können oder nicht, spielt keine Rolle. Denn das Ende der Geschichte soll in jedem Falle gemalt werden.
Dazu sucht der Spielleiter ein geeignetes Bilderbuch aus der Bibliothek aus, das dem kognitiven Leistungsvermögen der Gruppe entspricht. Dienlich sind vor allem solche Bilderbuchgeschichten, die einen Höhepunkt aufweisen. Das Buch soll im Sitzkreis bis zu diesem Höhepunkt gezeigt und besprochen werden (die professionelle Variante wären Folien für den Tageslichtprojektor oder Dias der einzelnen Bilder). Und was passiert wohl danach?
Nun ist Kreativität und Mut gefragt: Denn so seltsam der eigene Gedanke für einen Abschluss dieser Geschichte klingen mag – vielleicht ist diese Lösung längst nicht die schlechteste. Auf jeden Fall ist es eine selbstgefundene Lösung, die abschließend mit dem dazugehörigen Selbstbewusstsein vorgestellt werden darf.
Material: Bilderbuch, Papier, Stifte

73 Programmansage

Aus einem Karton wird der Boden bis auf 2 cm Rand ausgeschnitten, ein neuer Pappschachtel-Fernseher ist geboren.
Der erste Moderator bereitet sich auf seinen Einsatz vor: Dazu untersucht er das Programm des heutigen Tages und hält nach spannenden Kinder- oder Jugendsendungen, Sachberichten oder für die Gruppe interessanten Filmen Ausschau. Daraus wählt er nun eine Sendung aus und stellt eine kurze Fernsehansage zusammen. Die Informationen bezieht er dabei aus dem Programmheft oder aus eigenen Eindrücken, die er gewonnen hatte, als diese Sen-

dung das letzte Mal lief. Über Filme ohne nähere Angaben könnten Vermutungen angestellt werden, wovon der Film wohl handeln könnte.
Der Moderator setzt sich hinter den Pappschachtel-Fernseher, begrüßt die Zuschauer, begründet seine Wahl, stellt die Sendung kurz vor und dann – die „Flimmerkiste" an und Film ab. Ob der Moderator wohl eine gute Wahl getroffen hat?
Material: Fernsehgehäuse aus Pappe, Fernsehprogrammzeitschrift

74 Kaiser, wir wollen zu dir

Dieses Fangspiel ist eine Variante von „Fischer, wie hoch ist das Wasser".
Der Kaiser steht an der gegenüberliegenden Wand eines großen Raumes oder eines Hauses im Freien. Er winkt seiner Gefolgschaft hoheitsvoll mit dem Handrücken zu. Da ruft das Volk im Chor: „Kaiser, wir wollen zu dir!" Der Kaiser antwortet: „Das kann nicht sein!" Die Getreuen lassen sich jedoch nicht so schnell abwimmeln und fragen zurück: „Was müssen wir tun?"
Jetzt überlegt sich seine Hoheit eine wahrlich kaiserliche Disziplin, in welcher das Fußvolk die Wegstrecke zurücklegen muss: Zum Beispiel einbeinig hüpfend, wie ein Vogel schwebend, in tiefen „Dienern" auf und abtauchend usw. Währenddessen versucht der Regent soviele Gefolgsleute wie möglich einzufangen. Der zuletzt Übriggebliebene wird beglückwünscht und zum neuen Kaiser ernannt.
Material: –

75 Die Sonne geht auf

Alle Mitspieler liegen „schlafend" auf dem Boden. Blinzeln ist erlaubt, denn sonst sieht keiner die Sonne aufgehen. Diese

erscheint nämlich in Form eines großen, gelben Kartonkreises, den ein ausgewählter Spieler noch hinter seinem Rücken versteckt hält. Lässt er den gelben Ball zum Himmel aufsteigen (er hält sie hoch), so ist das für die „Schlafenden" das Zeichen zum Aufbruch. Rasch erheben sie sich von ihren Ruhestätten und laufen frei durch den Raum. Dabei behalten sie die Sonne immer im Auge, denn wenn sie untergeht, bedeutet es für die Läufer, sich sofort wieder niederzulegen. Dem Sonnenträger ist damit eine besondere Macht verliehen. Nach Gutdünken kann er den Rest der Gruppe in Bewegung setzen oder ruhigstellen – eine sonnenklare Angelegenheit.
Material: „Sonne" aus Pappe

76 Autor von Beruf

Jeder Mitspieler bekommt mehrere gleich große Papiere zugeteilt und eine Auswahl bunter Stifte. Damit darf nun eine Geschichte aufgemalt werden – ohne Themenvorgabe, frei assoziiert und unabhängig von den Bildmotiven der anderen Teilnehmer.
Kindern mit Startschwierigkeiten kann ein Hilfsimpuls angeboten werden, z.B. „Besuch im Freibad", „Ausflug in den Tiergarten" und so weiter.
Dann malen die Künstler mindestens drei Szenen ihrer Geschichte, jede jeweils auf ein neues Papier. Im Anschluss werden die Papiere mit Klebestreifen zu einem Mini-Büchlein zusammengefügt. Zuletzt fungieren die Maler als freie Autoren. Zu jedem Mitspieler gesellt sich ein Erwachsener und schreibt haargenau den Text auf das Bild, den der Autor diktiert. Mangelhafte Grammatik oder Unklarheiten im Ausdruck werden nicht verbessert. Alles soll exakt so notiert werden, wie der Erfinder es angibt. Gruppenmitglieder, die bereits schreiben können, erledigen es natürlich selbst. Abschließend findet eine kleine Autorenlesung statt.
Material: Papier, Stifte, Klebestreifen

77 Die Stunde der Wahrheit

Wenn sich ein Gruppenmitglied anders verhält, als man es sich „normalerweise" vorstellt, so kann das den Grund haben, dass dieses Gruppenmitglied nicht so leben kann, wie es ihm „normalerweise" gut täte.
Entsprechen die Mehrzahl der Unternehmungen, die Leistungsanforderungen, die „gemeinsamen" Interessen etc. der Gruppe auch tatsächlich dem Naturell dieses Mitgliedes, seinen Anlagen, seinen Bedürfnissen?
Um sich über die eigenen Belange Klarheit zu verschaffen, dazu dient die „Stunde der Wahrheit". Herauszufinden, was eigentlich die eigenen persönlichen Ziele wären, wo man sich vielleicht zu sehr verstellen muss, um der Gruppennorm zu entsprechen, wo zu enge Grenzen gesetzt werden usw.
Diese kleinen und großen Wahrheiten dürfen ohne innere und äußere Zensur niedergeschrieben werden. Jeder tut es für sich privat und ganz alleine. Erst wenn Probleme in Ruhe vorsortiert und gedanklich geklärt wurden, gelingt es leichter, sie der Gruppe vernünftig und ohne Affekte vorzutragen.
Material: Papier, Stifte

78 Ich stelle mich vor

Sollte in einer Gruppe immer noch einer den anderen nicht gut genug kennen, dann werden mit diesem Spiel sicherlich auch die letzten Ungewissheiten ausgeräumt.
„Ich stelle mich vor", so lautet nämlich die Überschrift auf einem Steckbrief an der Pinnwand.
Diesem Steckbrief kann man nun wirklich sämtliche möglichen und auch unmöglichen Informationen über den jeweiligen Verfasser entnehmen. Von A – wie Angewohnheiten bis Z – wie Zukunftspläne dürfen alle Rubriken vertreten sein, die dem Steckbriefschreiber einfallen.

> Irmi Schulze
> Angewohnheiten: Ich möchte immer gerne rechts sitzen
> Bilderbücher: am liebsten lese ich Tiergeschichten, am liebsten von Hunden
> Freunde: bis jetzt habe ich mehrere, aber noch keinen richtigen
> Instrumente: Ich spiele Flöte und trommle manchmal auf 2 Töpfen
> Kultur: mein Lieblingsmaler ist Hundertwasser
> Lieblingsessen: Kässpatzen mit vielen Zwiebeln
> Limonaden: trinke ich nur „light"; Orange schmeckt am besten
> Musik: „die Prinzen" machen die tollste Musik

Material: Papier, Stifte

79 Die Bonjour-Tüte

Mal ganz ehrlich: Worauf freut man sich an seinem ersten Schultag am allermeisten? Richtig! Auf die Schultüte. Wenigstens ein Lichtblick an einem so aufregenden Tag, wo man mit fremden Menschen und einer unbekannten Lehrerin „in einen Topf geworfen" wird.
Doch aller Anfang ist schwer. Auch der Start in Jugendgruppen, Vereinen, Heimen, Kindergärten usw. wird mit besonderer Anspannung erwartet. Deshalb gibt es fortan für jeden „Neuen" oder jede „Neue" ein ganz persönliches Präsent von der Stammgruppe überreicht: Die Bonjour-Tüte. Sie ist eine Miniausgabe der traditionellen Schultüte und kann ganz rasch aus einem Bogen Papier gedreht werden. Darauf steht der Name des Neuzugangs und drumherum die Unterschriften aller alteingesessenen Mitglieder. Und hinein steckt jeder eine klitzekleine süße Überraschung.
Mit einer Bonjour-Tüte fühlt sich nicht nur jedes neue Gruppenmitglied herzlich aufgenommen. Sie dient umgekehrt auch der übrigen Gruppe als unübersehbares Zeichen für Zuwachs. Ab

heute gibt es also jemanden, dem man in nächster Zeit vielleicht besondere Aufmerksamkeit schenken könnte.
Material: Papier, Stifte, Süßigkeiten

80 Künstler und ihre Namen

Jeder Mensch kann eine ganze Menge. Wenn nun einer behauptet, er könne absolut nichts, dann schwindelt er entweder, oder es handelt sich um einen ganz selbstunsicheren Menschen. „Was ich alles kann" ist das Motto dieses Spieles! Egal ob es sich dabei um das Schnitzen von Zahnstochern handelt, ob einer sich viele Witze merken kann, oder ob jemand auf Topfstelzen Samba tanzt – die Kunstrichtung ist gänzlich beliebig. Jede Fähigkeit darf genannt werden. Haben sich endlich alle Teilnehmer couragiert zu ihren Begabungen bekannt, so dürfen sie nun nach einem wohlklingenden Künstlernamen für ihre eigene Person suchen.
Welch erlauchter Kreis, in welchem sich Bodo von Schwimmreif, Liliana Haarschneid, Graf Bastel zu Heimwerker und Olga Lachwitz die Ehre geben …
Material: –

V. Bei Hempels unterm Sofa
Ordnungsspiele

Bei Hempels unterm Sofa sieht es abenteuerlich aus, das ist ja nun hinreichend bekannt. Genauso abenteuerlich wie oft in den Köpfen von vielen Jugendlichen und auch Erwachsenen, die den ständig anwachsenden und multiplen Facetten des heutigen Lebens nicht mehr gewachsen sind.

Täglich neue und veränderte Eindrücke, Anforderungen und Angebote, eine Fülle von Reizen, mangelnde Vorbilder und der Zerfall von Werten erschweren eine Strukturierung des eigenen Lebens ungemein. Ordnung wäre also angesagt, eine Ordnung zunächst der Gedanken, um sie dann selektiv und planvoll in die persönliche Lebensführung einfließen zu lassen.

Dieses Kapitel beinhaltet eine Sammlung von Spielen, die sowohl eine ganz konkrete Ordnung von Dingen als auch eine Zuordnung abstrakter Begriffe verlangen. Konzentration, Wahrnehmung und Merkfähigkeit werden ebenso trainiert wie die sinnvolle Planung von Ereignissen, gedanklichen Konstrukten oder sozialen Prozessen. Hier sind Spiele genannt, die dabei helfen sollen, sich nicht in einem Wirrwarr von Erscheinungen vom Wesentlichen ablenken zu lassen.

81 Schlamper-Pfänden

Haargenau dann, wenn es überall im Hause (oder im Garten …) genau so aussieht wie bei Hempels, ist es höchste Zeit für's Schlamper-Pfänden. Unvermittelt und ohne Nachsicht wird zum Spiel gepfiffen: In einer Blitzaktion sammeln alle Gruppenmitglieder sämtliche heimatlos herumliegenden Utensilien in einen Korb. Dieser Korb wird mit einem Tuch vollständig abgedeckt und auf einem Tisch aufgestellt. Die Spannung steigt, denn der Spielführer

greift nun in den Korb – mit den verheißungsvollen Worten: „Was soll das Schlamperpfand in meiner Hand für eine schlimme Buße tun?"
Die Gruppe schlägt verschiedene Bußakte vor, aus welchen sich der Spielleiter für eine Variante entscheidet. Dann lüftet er das Geheimnis. Das Schlamperpfand wird ans Licht gebracht – und damit auch sein Besitzer. Dieser muss sich endgültig seinem Schicksal ergeben und tun, wie ihm geheißen. Ob er nun das Einmaleins mit 17 rückwärts aufsagen muss, oder ob er ein Tänzchen nach Kosaken-Art zum Besten geben soll – die Buße ist erst erfüllt, wenn er das verräterische Fundstück ordnungsgemäß aufgeräumt oder entsorgt hat. Bleibt nur zu hoffen, dass nicht noch mehr Gegenstände des gleichen Eigentümers im Körbchen warten …
Material: Korb oder Kiste

82 Kü-Wo-Ki

Ein Spiel, das dabei hilft, sich einen allgemeinen Überblick über die im Hause oder in den Gruppenräumen befindlichen Gegenstände, Gerätschaften oder Dekorationsobjekte zu verschaffen. Vor allen Dingen: Was steht wo? Dort sollte es auch tunlichst immer aufzufinden sein!
Wie beim bekannten Stadt-Land-Fluss-Verfahren wird bei diesem Ordnungsspiel ein Zettel mit Abkürzungen der betreffenden Räume überschrieben, zum Beispiel:

	Kü	GG	Br
	Karottenhobel	Klavier	Krimskrams, Schachtel

Kü = Küche
GG = Großer Gemeinschaftsraum
Br = Bastelraum
Ab = Abstellraum
Ke = Keller
usw.

Dann durchdenkt einer das Alphabet. Ein zweiter stoppt ihn irgendwann ab, angenommen beim Buchstaben „K". Augenblicklich beginnen alle mit der Suche nach Wörtern mit „K" für die einzelnen Spalten. Sobald der erste für jede Spalte, bzw. für jedes Zimmer ein dort befindliches Objekt mit „K" gefunden hat, ist die Runde zu Ende.

Punkteverteilung:
Für jedes gefundene Wort gibt es 20 Punkte; sobald ein weiterer Spieler den selben Begriff geschrieben hat, dürfen sich beide Spieler für dieses Wort nur mehr 5 Punkte geben.

Tipp:
Alle Teilnehmer sollten bereits einigermaßen mit den Räumlichkeiten vertraut sein, denn das Spiel bezieht sich ausschließlich auf die hauseigene Einrichtung.
Material: Papier, Stifte

83 Räumungs-Schnipp-Schnapp

Auf quadratische Kartonplättchen (ca. 8cm x 8cm) werden Symbole für Aufräumarbeiten gemalt.

Zum Beispiel:

| für Tischdecken | für Staubwischen | für Kehren | für Schneeräumen | für Vogelkäfigmisten usw. |

Zu jedem Kärtchen gibt es den bildgetreuen Doppelgänger. Jedes Gruppenmitglied fertigt soviele Symbolpaare wie nötig an. (Eine Liste der insgesamt zu bewältigenden Arbeiten wird einfach durch die Zahl der Gruppenmitglieder geteilt.)
Die fertigen Spielekarten werden gemischt und vor Wochenbeginn in einer launigen Gemeinschaftsrunde umgekehrt auf den Tisch gelegt. Und nun wird Schnipp-Schnapp gespielt:

Im Uhrzeigersinn dreht jeder Teilnehmer eine Karte um. Die Karten bleiben aufgedeckt liegen. Sobald ein Spieler den Zwilling einer bereits aufgedeckten Karte erwischt, ruft er „Schnipp-Schnapp" und das Symbol-Paar gehört ihm. Die Aufgaben der auf den Kärtchen abgebildeten Zeichnungen sind ihm nun für eine Woche anvertraut. Da es natürlich ungerecht wäre, wenn ausgerechnet der beste Spieler die meisten Hausarbeiten übernehmen müsste, werden im Anschluss an das Spiel die Karten-Häufchen verglichen. Die Sieger dürfen nun solange ausgewählte Karten-Paare vergeben, bis jeder etwa das gleiche Wochenpensum zu erledigen hat.

Auf jeden Fall wird allen Teilnehmern auf diese Art die Vielzahl der zu bewältigenden Arbeiten aufgezeigt und in spielerischer Weise kann sich jeder allmählich mit seiner Verantwortung innerhalb einer Gruppe vertraut machen.

Material: Karton, Schere, Stifte

84 Kellner würfeln

Sitzen nach einer feinen Mahlzeit alle mit vollen Mägen und müden Beinen rund um den Esstisch, und keiner kann sich so recht zum Tischabräumen aufraffen, dann ist die Zeit für „Kellner-Würfeln" gekommen.

Ein Würfel macht die Runde. Jeder gesättigte Teilnehmer wirft ihn genau einmal. Die Anzahl der Würfelaugen entspricht der Anzahl der zu entfernenden Utensilien vom kulinarischen Schlachtfeld.

Material: Würfel

85 Jobs verpfeifen

Wenn es darum geht, einen nicht alltäglichen „Job" zu vergeben, um welchen sich wahrlich keiner reißt, wie z. B. das Aquarium zu reinigen, das Zelt zu flicken oder den Gartenzaun zu streichen, dann wird die Entscheidung dem Zufall überlassen. Der „Zufall" verlässt mit einer Trillerpfeife angetan den Raum. Im Zimmer organisiert sich die übrige Gruppe zu einem Kreis. Im Uhrzeigersinn soll je nach Job-Sparte ein typischer Gegenstand von Spieler zu Spieler weitergereicht werden. Einer fängt an. Der Zufall vor der Türe pfeift zum Start. Nun wird sich jeder Teilnehmer beeilen, den Gegenstand möglichst rasch vom einen Nachbarn abzunehmen und noch rascher wieder an den nächsten Nebenmann loszuwerden. Denn jederzeit könnte ein zweiter Pfiff ertönen. Und wer zu diesem Zeitpunkt den Gegenstand in der Hand hält, der hat den Job „gewonnen".

Ein schwacher Trost:
Bei der nächsten Job-Vergabe darf der „Gewinner" als Pfeifer antreten, so ist er wenigstens für einen Durchgang aus dem Schneider.
Material: Trillerpfeife, diverse Gegenstände

86 Hänsel und Gretel

Jedes Kind kennt dieses Märchen, die Geschichte von zwei Kindern, die von ihren Eltern im Wald ausgesetzt werden. Die Kinder wussten, dass ihnen dieses Schicksal bevorsteht, denn sie hörten die Eltern von ihren Plänen erzählen – abends, als sie im Bettchen lagen und die Eltern glaubten, sie schliefen bereits.
Für dieses Spiel versetzen sich nun alle Teilnehmer in ihre Betten. Alle stellen sich vor es sei Abend, die Türe angelehnt und sie lauschten einem Gespräch ihrer Eltern. Sie sprechen über das (die) Kind(er). Was gäbe es da wohl zu hören?
Jeder bekommt soviel Zeit wie er benötigt, um den Inhalt dieses fiktiven Elterngespräches niederzuschreiben. Dabei geht es natürlich nicht darum, möglichst schauerliche Geschichten zu erfinden, sondern wirklich um eine realistische Einschätzung der individuellen Einstellung der Eltern ihren Kindern gegenüber.
Im Anschluss daran können die Ergebnisse vorgestellt und diskutiert werden.

Dieses Spiel ist eine andere Form, um nach Ordnungen zu suchen. Wenn Haltungen, Erwartungen und Einstellungen der eigenen Person gegenüber bewusst reflektiert werden, gelingt es leichter, Hemmnisse zu erkennen oder Vorhaben planvoller anzugehen. Denn vieles ist jetzt klarer als vorher.

Material: Papier, Stifte

87 Bierdeckel puzzeln

Gesammelt werden Bierfilzchen, bevorzugt welche mit gleichem Aufdruck. Jeder Mitspieler hat einige Exemplare vor sich liegen. Mit einem dunklen Filzstift und mit oder ohne Lineal wird auf jedem Bierdeckel eine kreativ verlaufende Halbierungslinie eingezeichnet. Ob diese Trennungslinie von Ecke zu Ecke oder von Seite zu Seite gezogen wird, ist egal. Mit einer kräftigen Haushaltsschere schneidet man nun an dieser Linie entlang und erhält so zwei zueinander passende Puzzlehälften pro Deckel.

Schon kann das Spiel beginnen. Alle Hälften werden ordentlich durchgemischt und verstreut über den Tisch ausgelegt. Der erste Spieler darf sein Glück versuchen. Er greift wahllos ein Teil heraus und hat nun zwei Minuten Zeit, um das passende Gegenstück zu finden. Ist die Zeit abgelaufen, werden die Teile neu gemischt und der nächste Spieler ist dran.

Variante:
Alle Teilnehmer wühlen zugleich in dem Puzzleberg. Wer hat die größte Ausbeute zu verzeichnen, wenn alle Paare komplett sind?

Material: viele Bierdeckel, Filzstifte, Schere

88 Logische Eier   oder

Aus weicher Knetmasse wird ein richtig schönes, großes Hühnerei geformt. Die Knete darf übrigens ruhig farblich gemischt, bzw. marmoriert sein, das erhöht die Spannung! Dieses Ei legt man nun

in den Eierschneider und zerteilt es damit in gleichstarke Scheiben. Anschließend wandern die flachen Scheiben für ca. 10 Minuten in das Eisfach des Kühlschrankes. So werden sie schön hart und griffig, denn im folgenden Spiel geht es darum, in kürzester Zeit die Teile des Eies richtig aufeinanderzulegen, so dass das ursprüngliche Ei wieder komplett ist.
Besonders schwierig aber auch lustig wird es, wenn mehrere Teilnehmer ihre Eierscheiben ordentlich durchmischen, bevor sie sich ans Zusammenfügen machen.
Fertig, los! Der Küchenwecker ist auf 3 Minuten eingestellt. Wer bis dahin sein Ei nicht komplett zusammensetzen konnte, der „legt" zur Strafe gleich noch eines – für die nächste Runde.

Tipp:
Wer schlau ist, bringt an seinem Ei eine über die ganze Längsseite laufende, spezielle Veränderung an, z. B. eine fast unsichtbare Rille oder einen leichten Wulst …
Material: Knete, Eierschneider

89 Über Wörterbrücken zum Ziel

Bei diesem Spiel geht es darum, einer längeren Geschichte die wesentlichen Textstellen zu entnehmen, die relevant sind, um den Sinn zu verstehen, bzw. um Informationen kognitiv herauszufiltern, so dass man anschließend die Hauptfakten in etwa chronologisch wiedergeben kann.
Jeder Teilnehmer sucht nach einer geeigneten, allgemein interessanten und informativen Abhandlung. Die kann er jeder Zeitung entnehmen oder Lexika zu Rate ziehen. Auch eine anschauliche Wegbeschreibung kann auf wenige Kernworte reduziert werden.
Beispiel: So kommst du zum Sportplatz:
Fahre die Hauptstraße entlang bis zur Ampel. Dort biegst du rechts ab. Neben der Straße befindet sich eine Blumenwiese. Am Ende dieser Wiese liegt ein Bauernhof. Am Bauernhof biegst du links in

eine Gartenanlage ein. Der Weg führt weiter durch ein Waldstück. Von hier aus kannst du die Sportanlage bereits sehen.
Während diese Beschreibung vorgelesen wird, notieren alle Mitspieler die für sie selbst bedeutsamen Aussagen z.B.:
Hauptstraße – rechts – Bauernhof – links – Gärten – Wald – Sportplatz.
Eine noch kürzere und nicht minder richtige Version könnte auch so lauten:
Haupt – re – Ku – li – Bäume – Sportplatz.
Es ist sehr unterschiedlich, wie stark jeder Einzelne die Fakten verkürzen kann, um noch zu wissen, was damit gemeint ist. Und jeder verbindet mit Informationen völlig verschiedene gedankliche Bilder. Also, auf gehts. Je kürzer, desto besser. Und ob einer die „Geschichte" kapiert hat, stellt sich spätestens dann heraus, wenn er sie noch einmal anhand des eigenen „Waschzettels" neu komponieren soll. Man darf gespannt sein!
Material: Zeitungen, Lexika, Papier, Stifte

90 Nussolini

Alle Mitspieler sitzen um einen Tisch. In der Mitte befindet sich eine Schüssel mit einer Mischung verschiedener Nüsse: Erdnüsse, Walnüsse, Paranüsse und Haselnüsse zum Beispiel.
Nun werden dem Starter die Augen verbunden. Außerdem streift er sich ein paar dünne Handschuhe über. Der Blinde wühlt erst einmal mit beiden Händen in der Schale, tastet die verschiedenen Formen ab und entscheidet sich dann für eine Nusssorte. Ob es ihm wohl gelingt, alle in der Schüssel befindlichen Exemplare dieser Nusssorte herauszufinden?
Für jede richtige Nuss gibt es einen Punkt. Falsche Nüsse müssen jedoch von der Gesamtzahl der richtigen Nüsse abgezogen werden. Die verbleibende Punktezahl wird auf einem Spielplan notiert. Der Nächste ist an der Reihe!
Material: Schüssel oder Schale, verschiedene Nusssorten, Papier, Stift

91 Das Geldzählbrett oder

Mit einem „Geldzählbrett" wird endlich Ordnung in die Finanzen gebracht. Wer Beziehungen zu einer Bank oder Sparkasse hat, kann sich vielleicht dort ein ausrangiertes Modell besorgen. Ansonsten bastelt man sich einfach selbst eines.
Zuerst wird das gesammelte Kleingeld sortiert und gestapelt. Es gibt Türmchen aus 1 Pf.-, 2 Pf.-, 5 Pf.-, 10 Pf.- und 50 Pf.-Stücken, sowie 1 DM-, 2 DM- und 5 DM-Türme.
Dann wird aus weichem Ton eine ca. 6 cm dicke quadratische Grundplatte hergestellt und auf eine Plastikfolie gelegt. Die Größe dieser Platte richtet sich nach der Menge der gewünschten Kleingeldreihen.
Anschließend werden die Geldstücke in Längsreihen übereinander in die Tonplatte eingesteckt, so dass sie zur Hälfte herausschauen. Außerdem werden sie zu Zehnergruppen gebündelt.

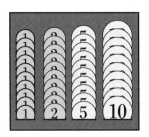

Das Kleingeld bleibt solange in der Platte, bis der Ton getrocknet ist. Dann wird es entfernt. Nun hat man ein praktisches „Spielzeug" für kleine Bankiers, die sich im Zählen und Sortieren von Kleingeld üben möchten.

Tipp:
Die Geldstücke müssen großzügig eingedrückt werden, da die Schlitze beim Trocknen des Tones etwas enger werden.

Varianten:
Wem das Stecken und Zählen bereits zu langweilig geworden ist, der entwickelt einfach selbst lustige Spiele – durch Hinzunahme eines oder zweier Würfel. Eine Variante könnte zum Beispiel so aussehen: Sobald die Summe der beiden Würfelaugen die Zahl 10 ergibt, darf ein Zehnerle ins Brett gesteckt werden …
Material: Ton, Plastikfolie, Kleingeld

92 Das Krimskramsbüro

Nichts ist so schwer zu ordnen wie ein Sammelsurium von Krimskrams, lauter kleine und kleinste Utensilien, die nirgendwo so recht hingehören. Für solche Dinge empfiehlt sich die Anlage eines Krimskramsbüros. Es besteht aus einem einfachen oder mehrzeiligen Regal, in das nun jede Menge Behältnisse gestellt werden dürfen. Leere Filmdöschen (kostenlos in Fotogeschäften erhältlich) für Gummis, Reißnägel, Perlen, Büroklammern, Tintenpatronen usw., größere Dosen (wie etwa von Suppenwürze) für Minitierchen, Buntstifte, Tesarollen, Kleingeld etc. und größere Schuhschachteln für Geheimnisse aller Art. Die Behälter werden bunt umklebt und beschriftet, damit man auf einen Blick erkennen kann, was sich worin verbirgt. Auch wenn das Krimskramsbüro optisch selbst in gewisser Weise an Kram erinnern mag, ist es für Kinder und Jugendliche dennoch sehr bedeutsam. Denn hier organisieren sie selbst das Arrangement, bestimmen die Reihenfolge und können nach Herzenslust umschütten und Ordnungen verändern, eine wichtige Vorübung, um Lust aufs Verwalten von Eigentum zu bekommen.

Tipp:
Auch Schubladenkästen, wie sie Heimwerker für ihre Schrauben benötigen, sind äußerst geeignet. Ebenso der ehemalige „Kaufladen" mit seinen vielen kleinen Fächern …
Material: diverse Behälter (Filmdöschen, Schächtelchen, Schuhkartons usw.), buntes Papier oder Geschenkpapier, Klebe, Schere

93 Wie ist was?

Ein Spieler gibt ein beliebiges Eigenschaftswort vor, zum Beispiel flüssig, kalt, schnell usw.
Sofort suchen alle Teilnehmer nach Dingen, auf die das gewählte Eigenschaftswort zutrifft. Bei „kalt" z.B. Vanilleeis, Kühlschrank, Füße …
Jeder hat eine Minute Zeit, alle Begriffe zu notieren, die ihm einfallen. Sieger ist derjenige mit der größten Ausbeute an „kalten Sachen".
Material: Papier, Stifte

94 Knödelpost

Bei diesem Spiel geht es um Zuordnung, Spieltempo und Konzentration. Zur Vorbereitung einigen sich die Mitspieler auf eine Anzahl bestimmter Postleitzahlen und notieren diese. Nützlicherweise wählt man gleich jene Postleitzahlen, die man sich ohnehin schon lange einmal merken wollte. Jeder Mitspieler bastelt sich nun einen großen Vorrat an „Briefen", die er verschicken möchte. Es handelt sich jedoch nicht um gewöhnliche Briefe, sondern um eine unkonventionelle „Knödelpost" in Form von zusammengeknautschten Papierkügelchen. Jeder Teilnehmer bevorzugt eine eigene Papierfarbe.

Dann werden leere Kartons aufgestellt. Auf jedem Karton prangt in großen Lettern eine der ausgewählten Postleitzahlen.

Nun gibt der Spielführer den Start frei für die erste Runde. Er ruft eine der Zahlen – z.B. „86399" (für Bobingen) – laut aus.

Die übrigen Knödelpostboten lauschen angestrengt, orten den richtigen „Briefkasten" und zielen ihren farbigen Knödelbrief dort hinein. Aber dalli, dalli, denn schon ertönt die nächste Postleitzahl und wieder eine neue usw. Glück für den, der auch in solchem Tempo den Überblick bewahren kann.

Zur allgemeinen Verwirrung darf der Spielleiter natürlich auch solche Zahlen aufrufen, die gar nicht notiert wurden.

Tipp:
Wenn sich der Spielleiter vorher auf einem Merkzettel notiert, in welcher Reihenfolge er welche Zahlen ausrufen möchte, so lässt sich bei Spielende feststellen, wer richtig reagiert hat. Denn wurde nämlich 5 × Bobingen, 3 × Buxtehude und 7 × Bad Birnbach (in Zahlen) ausgerufen, so müssten sich dort von Spieler X mit der blauen Knödelpost auch 5 blaue im Bobinger, 3 blaue im Buxtehuder und 7 blaue Knödel im Bad Birnbacher Karton befinden.

Ab geht die Post!

Material: Papier in verschiedenen Farben, leere Kartons

95 Kling-Klang-Gloria

Ein schönes und überdies wohlklingendes Ordnungsspiel ist das Erzeugen und Einordnen von Klanglauten.
Dazu werden beliebig viele Gläser mit unterschiedlichem Wasserstand vorbereitet und völlig willkürlich auf einem Tisch angeordnet.
Zuerst erfolgt eine Probierphase. Jeder Teilnehmer schlägt mittels einem Teelöffel jedes Glas einmal an und versucht sich in etwa die Tonhöhe und den Standort des „Instrumentes" zu merken.
Dann erfolgt die Probe aufs Exempel! Der Spielführer hat nämlich zwei Symbolkärtchen vorbereitet.

 = höherer Ton als der vorherige

 = tieferer Ton als der vorherige

Der erste Spieler geht an den Start. Er lässt ein beliebiges Glas erklingen. Nun meldet sich der Spielführer „zu Wort", indem er nach Gutdünken eine der beiden Symbolkarten hochhält, z.B. ↑
Gelingt es dem Musikanten, ein Glas zu wählen, das tatsächlich höher klingt als das erste, so wird ihm ein Klangpunkt gutgeschrieben und er darf so lange weitermachen, bis er irrt. Die erreichten Punkte werden schriftlich festgehalten und ein neuer Glasschläger versucht sein Glück.
Material: Gläser, Symbolkärtchen

96 Kisten-Listen

Ein Spiel für draußen: In einer Kiste befinden sich allerlei verschiedene Gegenstände und Krimskrams-Teile. Sämtlicher Inhalt ist dem Spielleiter bekannt, so dass er etwa vier Zettel anfertigen kann, auf welchen er je ein Viertel der Gesamtanzahl aller Gegenstände schriftlich auflistet.

Die Listen werden an vier voneinander entfernt stehende Bäume geheftet, die „Schatzkiste" befindet sich an einem zentralen Ort im Gras. Bedeckt mit einem Tuch, wartet sie nun darauf, dass viele Hände gleichzeitig hineingreifen (jeder Spieler mit einer Hand!) und sich auf ein Signal hin ein beliebiges Teil herausnehmen. Jeder Spieler betrachtet rasch seinen Fund – z.B. ein Salzstreuer – und spurtet los. Auf welcher der Listen mag der „Salzstreuer" wohl geschrieben stehen? Rasch wird von Baum zu Baum gesaust. Dort überfliegen die Teilnehmer die Begriffe in der Hoffnung, bereits in der richtigen Ecke gelandet zu sein. Dabei erlesen sie natürlich oberflächlich auch alle übrigen Begriffe. Glück für den, der eine Art photografisches Gedächtnis besitzt. Denn er tut sich in der nächsten Runde sicher leichter, wenn er erneut in die Schatzkiste greift und dann vielleicht die „Heimatliste" eines Pfeifenputzers suchen soll. Wo stand der gleich wieder. Auf Baum eins, zwei, drei oder vier?

Spielregel:
Der letzte im Bunde, der die entsprechende Liste noch nicht gefunden hat oder der am falschen Baum gelandet ist, scheidet jeweils aus. Übrig bleibt letztlich der Sieger – der flotteste Sprinter und Lesekünstler von allen.
Material: diverse Gegenstände, Kiste oder Korb, Papier, Heftzwecken

97 Schau genau!   oder

Ein tüfteliges Spiel für wachsame Beobachter!
Auf dem Tisch liegen verschiedene Haushaltsartikel angeordnet. Jeder Teilnehmer versucht, sich die Lage der einzelnen Dinge genau einzuprägen. Auf ein Kommando schließen alle Umsitzenden bis auf den Spielführer die Augen. Geschwind vertauscht der zwei Gegenstände, dann ruft er: „Augen auf!".
Wer sieht die Veränderung? Applaus für den Spieler mit dem scharfen Blick. Er ist in der nächsten Runde Spielführer.
Material: diverse Gegenstände

98 Der Lolly-Test

Bei diesem witzigen Zuordnungsspiel wird der Geschmackssinn auf die Probe gestellt.
Auf einem Tisch liegen bis zu fünf Wäscheklammern, in jeder klemmt ein Bonbon mit einer anderen Geschmacksrichtung, ein Zitronenbonbon, eines mit Himbeergeschmack, ein Orangenbonbon, Pink Grapefruit und Schwarze Johannisbeere zum Beispiel. Nun wird es spannend. Dem ersten Geschmackstester werden die Augen verbunden. Inzwischen verändern die anderen die Reihenfolge der Süßigkeiten. Jetzt kann sich der Testkoster an die Arbeit machen. Er ertastet die erste Klammer, führt sie zum Mund und leckt mit Bedacht bis zu dreimal an dem süßen Rätsel. Wird er die korrekte Geschmacksrichtung benennen können? Man darf gespannt sein, denn es ist gar nicht so einfach, nur durch das Lecken zum richtigen Ergebnis zu gelangen.
Sobald ein Bonbon richtig bestimmt wurde, darf der Spieler zur nächsten Klammer greifen. Die bereits beleckten Süßigkeiten, ob richtig erkannt oder nicht, gehören nun diesem Spieler. Wurde jedoch eine Sorte nicht erkannt, muss der Koster mit diesem Bonbon seine Arbeit abbrechen und der nächste Gourmet kommt an die Reihe. Zuvor muss die Anzahl an Geschmacksproben natürlich wieder mit frischen Bonbons vervollständigt werden.
Material: Wäscheklammern, Bonbons

99 Tüfteldüfte

Hier geht es darum, Gerüche zu unterscheiden und sie einer bestimmten Duftrichtung zuzuordnen. Das Spiel wird räumlich auf ein oder zwei Zimmer begrenzt. Höchstens drei Teilnehmer pro Spieldurchgang suchen sich je eine Duftsorte aus. Zum Beispiel Vanillearoma aus der Bäckerkiste, ein paar Tropfen eines ätherischen Zitronenöles und ein Parfüm. Die Düfte werden mit wenig Wasser vermischt und in eine Sprühflasche gegeben. Nun verlassen

alle übrigen Teilnehmer den Raum, während die drei Auserwählten an verschiedenen Stellen des Zimmers ihre Duftmarken setzen.
Anschließend wird die Suchergruppe hereingerufen. Sie sollen nun durch Schnüffeln herausfinden, wo sich die einzelnen Duftquellen befinden und zu welcher Duftsorte sie jeweils gehören.

Tipp:
Die Gerücheverteiler notieren während des Sprühens die Anzahl und die Orte, damit es bei der Auflösung der Tüfteldüfte nicht zu Unklarheiten kommt.
Material: verschiedene Düfte (z.B. Vanillearoma, Parfüm usw.), Sprühflaschen

100 Landschaftsbilder

Eine Landschaft soll optisch gegliedert werden. Dazu verteilen sich alle Mitglieder irgendwo in der bekannten Umgebung und suchen mit den Augen nach einem landschaftlichen Motiv, das sich auf verschiedene geometrische Formen reduzieren lässt.
Die Hecke ist z.B. als langer Quader zu sehen, in der Seitenansicht einer Rutsche verbirgt sich ein Dreieck, der Teich wird als Kreis oder Oval dargestellt usw. Jeder Teilnehmer zeichnet die gefundenen Formen und Linien im richtigen Verhältnis zueinander auf ein Papier. Dann trifft sich die Gruppe zum Bildertausch. Wer findet heraus, welchen Landschaftsausschnitt der andere da zu Papier gebracht hat?
Material: Papier, Stifte

VI. Kurze Spiele gegen Langeweile
Unterhaltsame Spiele

Wenn Kinder quengelig sind, so kann das verschiedene Gründe haben. Vielleicht kündigt sich eine Krankheit an, vielleicht dauert eine Wartezeit zu lange, das Wetter ist schlecht und sie müssen sich die Zeit im Hause vertreiben, der Freund ist in Urlaub, die Fahrt ins Ausland erscheint endlos etc. In diesem Fall fühlt sich eine miesepetrige Person sicherlich selbst nicht wohl in ihrer Haut und kann zu einer richtigen Nervensäge werden. Dann ist es Zeit, ein kurzweiliges Spiel aus der Tasche zu ziehen, eines das Spaß macht und die Neugierde weckt, weil es auf das Interesse und die Fähigkeiten des Kindes trifft.

Ältere Kinder und Jugendliche werden oft ohne ersichtlichen Grund von grässlicher Langeweile heimgesucht. Sie treten mit Beginn der Pubertät in einen neuen Lebensabschnitt ein, wobei Stimmungsschwankungen und ein bewegtes Auf und Ab der Gefühle charakteristisch sind. Auch für diese Kinder ist es hilfreich, die überschüssigen positiven und negativen Energien in kreativ-sinnvolle Bahnen zu lenken, anstatt sie für den dramatischen Ausbau einer persönlichen Krise zu nutzen. Oft genügt schon ein kleiner Anstoß, und auch die abgeklärten Jugendlichen greifen dankbar einen spannenden Beschäftigungsvorschlag auf, selbst wenn sie „normalerweise in ihrem Alter" eigentlich nicht mehr an solchem Kinderkram interessiert sind.

101 Klammern würfeln

Für dieses Konzentrationsspiel benötigt man ein quadratisches Kartonstück, einen Farbwürfel und jede Menge bunter Büroklammern in den sechs Farben des Würfels.

Die Klammern werden nebeneinander rundherum auf den Karton aufgesteckt. Dann kann es losgehen!
Die Teilnehmer bilden einen Kreis, der erste würfelt. Bleibt der Würfel beispielsweise auf blau liegen, so darf sich derjenige eine blaue Büroklammer abziehen. Diese erste erwürfelte Farbe ist für den Spieler verbindlich, er wird fortan nur blaue Klammern sammeln. Nun werden entweder 10 (oder mehr) Runden gespielt oder mit einem Küchenwecker eine bestimmte Minutenvorgabe eingestellt. Die gewählte Zeit richtet sich nach der Anzahl der Teilnehmer und nach ihrem Alter. Jeder Spieler darf zweimal würfeln, so erhöht sich die Chance, die gewählte Farbe zu treffen. Büroklammernsieger ist derjenige mit der größten Ausbeute nach Ende der Spielzeit.
Material: Karton, bunte Büroklammern, Farbwürfel

102 Wannenwichtel von der Rolle

Heute ist Badetag? Dann wird den Kleinen anstatt der obligatorischen Schwimmente eine Rolle ladenfrisches Toilettenpapier oder eine Rolle Küchenpapier offeriert. Damit kann man nämlich etwas ganz besonderes anstellen: Das Papier wird großzügig von der Rolle abgerissen, zusammengeknüllt und kurz ins Wasser getaucht. Nun drückt man das herrlich flutschige Knäuel fest an die Wandfliesen. Hurra, das erste Auge des Wannenwichtels hält. Er bekommt noch sein zweites Auge, seine Nase und einen breiten Mund. Wer will klebt noch Haare dazu, fertig ist das Wandgesicht! Und an der Wand soll es auch bleiben, mindestens bis zum nächsten Tag. Dann nämlich können die kleinen Künstler ihr dreidimensionales Fliesenmonster in gehärtetem Zustand bewundern. Einfach toll, wozu Toilettenpapier noch gut sein kann.

Tipp:
Das kleine Bademonster und den Fliesenwichtel gemeinsam im Fotoapparat festhalten!

Variante:
Auf die gleiche Weise kann man unausgelastete Kids auch Kühlschranktüren, Kuchenbleche, Plastikschränke und sogar das Auto verzieren lassen ...
Material: Toilettenpapier

103 Glanzbilder   oder

Alles was glitzert und glänzt, zieht Kinder magisch an. Deshalb werden künftig derlei Dinge nicht mehr achtlos weggeworfen, sondern in einer „Glitzer-Schatzkiste" aufbewahrt. Gesammelt werden: die goldenen Innenverpackungen von Kaffee, Reste von der Weihnachts-Glanzfolie, Geschenkpapier, veralteter Lidschatten oder Nagellack, alte Brillengläser, leuchtende Trinkhalme, Lametta, Futterstoffe aus Kunstfaser, Faschingsflitter usw. Je reichhaltiger und verschiedenartiger das Sortiment, desto ausdauernder werden die kleinen Künstler bei der Sache sein. Wenn jetzt noch einige überzählige Fotos von Gruppenmitgliedern (oder von dem Bastler selbst) vorrätig sind, ist das Glück perfekt. Genausogut eignen sich aber auch glänzende Fotos aus Katalogen und Werbebroschüren.
Nun geht es an die Arbeit. Je nach Interesse und Neigung dürfen die Kinder eine bunte Collage zusammenstellen. Hier ein menschliches Gesicht oder eine Tierfigur und drumherum eine Menge von Glitzerbäumen, Sternen oder auch einfach nur ausgeschnittene Muster. Kleinste Kinder sind bereits mit Schnipseln und Streifen vollauf zufrieden, wenn die Erwachsenen ihre Begeisterung teilen. Festgeklebt wird additiv, also eines nach dem anderen, am besten mit einem Klebestift.
Ob nun etwas Konkretes auf dem Bild zu erkennen ist oder nicht, hat keinerlei Bedeutung. Denn wie wunderbar sieht das gute Stück doch aus, wenn man extra am Abend noch einmal aufstehen darf, um das glitzernde, funkelnde Kunstwerk mit der Taschenlampe anzustrahlen ...
Material: alles, was glänzt

104 Fliegenklatschen-Tennis oder

Dazu benötigt jedes Kind einen Tennisschläger – in Form einer Fliegenklatsche beispielsweise. Fast ebenso gut eignet sich aber auch ein Suppenlöffel, ein Kochlöffel, eine leere Papierrolle oder ein Stück Karton.
Die Kinder bilden einen Kreis. Dann wird ein aufgeblasener Luftballon ins Spiel gebracht. Diesen gilt es nun so lange wie möglich mit den „Schlägern" von einem Teilnehmer zum nächsten zu schießen, ohne dass der Ballon den Boden berührt.
Wer mag, malt dem Luftballon mit Filzstift ein lustiges Gesicht auf, so macht die Sache noch mehr Spaß.
Material: Fliegenklatschen oder Kochlöffel, Luftballon

105 Früchtespieße – gewürfelt

In sechs Schüsseln befinden sich sechs verschiedene Sorten kleinerer Früchte wie zum Beispiel: Himbeeren, Schwarze Johannisbeeren, Kirschen, Stachelbeeren, Erdbeeren und Pflaumen. Geeignet sind auch in kleine Stücke geschnittene Äpfel, Bananen, Birnen usw. Für jede Obstsorte wird ein eindeutiges Symbol gezeichnet und mittels eines selbstklebenden Etikettes auf die sechs Seitenflächen eines größeren, quadratischen Bauklötzchens gebannt.
Nun erhält jeder Teilnehmer noch einen hölzernen Schaschlik-Spieß, dann beginnt der erste Spieler zu würfeln: Je nach Symbol des Würfel-Ergebnisses entnimmt der Spieler eine Frucht aus der entsprechenden Schüssel und steckt das Früchtchen auf seinen Spieß. Im Uhrzeigersinn wird solange weitergewürfelt, bis jeder Teilnehmer von jeder Obstschüssel mindestens ein Exemplar an seinem Spieß vorweisen kann. Dann ist das Spiel zu Ende und die vitaminreiche Ausbeute wird in einträchtiger Runde vom Schaschlikstab geknabbert. Selbstverständlich kann man sich auch gegenseitig mit den Spießen beschenken.
Material: sechs Schüsseln, sechs Obstsorten, Würfel, Klebeetiketten, Stifte

106 Der Rücksitzblock

 oder

Was Kinder oftmals gar nicht gut ertragen können, sind längere Fahrten im Auto. Mit einem Rücksitzblock wird ihnen diese Strapaze einigermaßen erleichtert.
An der Nackenstütze des Vordersitzes wird eine längere Kordel befestigt, an welcher ein kleiner Abreißblock hängt. Am anderen Metallstab hängt eine Schnur mit Kugelschreiber. Nun sind die Mini-Reisenden der lausigen Fahrt schon eher gewachsen, wenn es heißt: Zeichne alle Tiere, die du während der Fahrt entdecken kannst. Oder: Bei jedem *blauen* Auto, das du entdeckst, darfst du einen Strich auf das Papier machen. Oder: Schließe die Augen und male ein „Blindbild". Und wer gar keine Lust hat, reißt sich ein Blättchen ab und faltet daraus ein „Irgendwas". Gute Fahrt!

Tipp:
Wer sich gerade auf Einkaufsfahrt befindet, darf auf dem Block Symbole für alle wichtigen Lebensmittel erfinden – damit auch ja keines vergessen wird.
Material: Abreißblock, Kordel, Kugelschreiber

107 Wedel-Ei

 oder

Alle Mitspieler benötigen einen Tischtennisball und einen breitflächigen Gegenstand zum Wedeln, ein Stück Karton oder einen Plastikteller zum Beispiel.
Dann werden mit Schnüren Anfang und Ende einer „Wedelstrecke" markiert, die es zu überwinden gilt. Mehrere Teilnehmer starten gleichzeitig. Die Tischtennisbälle liegen auf der Startlinie. Sobald der Anpfiff ertönt, treiben die Spieler mittels Hin- und Herwedeln des Tellers das federleichte Ei vor sich her, bis es die Ziellinie überrollt. Dabei darf der Teller den Ball niemals berühren. Hat das erste Wedel-Ei sein Ziel erreicht, so steht der Sieger dieser Runde fest.

Tipp:
Schwieriger wird es, wenn auf der Zielstrecke mehrere Hindernisse eingebaut werden, die es zu umrunden oder zu „durchrollen" gilt (zum Beispiel eine leere Papierrolle).
Material: Tischtennisbälle, Pappteller oder breite Kartonstreifen, Schnüre

108 Sternschnuppen

Viele Sternschnuppen werden aus gewöhnlichem Papier geknüllt, kleine Kügelchen also. Jeder Mitspieler wählt eine eigene Papierfarbe. Außerdem benötigt jedes Kind ein Lineal. In entsprechender Entfernung wird auf einem Podest (z.B. Fußschemel) ein Karton plaziert. Die Öffnung des Kartons weist in Richtung der „Sternschnuppenwerfer". Nun lädt jeder Teilnehmer sein Lineal mit einer Papierkugel. Das heißt, er biegt das Lineal nach hinten, hält mit einer Hand das Geschoss am oberen Rand des Lineals fest und lässt das Lineal dann in Richtung Pappkarton losschnellen. Wie gut die einzelnen Mitspieler zielen können, ergibt die Ausbeute an gleichfarbigen Sternschnuppen im Karton.

Tipp:
Ist kein farbiges Papier vorhanden, kennzeichnet jedes Kind seine „Munition" mit einem Filzstiftpunkt seiner eigenen Farbe.
Material: Papier, mehrere Lineale, Pappkarton

109 Wein-berg-schnek-ke

Die Mitspieler werden in so viele „Schrei-Gruppen" aufgeteilt, wie das zu ratende Wort Silben beinhaltet.
Angenommen es soll das Wort „Weinbergschnecke" erraten werden: Zuerst wird ein Teilnehmer – derjenige, welcher raten soll – vor die Türe geschickt. Die anderen entscheiden währenddessen mucksmäuschenleise, welches Wort geraten werden muss und wer welche Silbe übernimmt. Das seltsame Konzert beginnt, sobald der

Rater das Zimmer betritt: Die erste Gruppe schreit rhythmisch „Wein, Wein, Wein …", die zweite Gruppe „berg, berg, berg …", die dritte „schnek, schnek, schnek …" und die letzte Gruppe „ke, ke, ke …". Alle rufen gleichzeitig und in etwa dem gleichen Takt, damit dem armen Lauscher nicht gänzlich das Hören vergeht. Ob er wohl zur richtigen Lösung gelangt?
Material: –

110 Wollsuppe

Befindet sich irgendwo im Haus eine Tüte mit übriggebliebenen Wollknäueln? Damit und mit einer Bastelschere kann man schon kleinen Kindern die größte Freude machen. Heute dürfen sie nämlich Wollsuppe kochen. Schnipp-schnapp schneidet das Kind die Fäden zu Nudeln in allen Längen ab und rührt sie in einer Schüssel ordentlich um. Ein besonderer Augenschmaus wird es natürlich dann, wenn sich verschiedenfarbige Wollfäden oder vielleicht sogar ein paar glitzernde darunter befinden. Wer mag, arrangiert die fertige Suppe mit Flüssigkleber auf einem Pappteller und hängt das getrocknete „Gericht" an die Wand des Kinderzimmers – für den kleinen Hunger zwischendurch.

Tipp:
Wer eine Vorliebe für ausgefallene Suppeneinlagen hat, kann noch Großmutters Knöpfesammlung nach lustigen Exemplaren absuchen und sie dann als Knopfknödelchen dazukleben.
Material: Wollfäden, Schüssel, Schere, Flüssigkleber

111 Natur-Mandalas

Die Gruppe fertigt in Gemeinschaftsarbeit einen Musterplan für ein ausgefallenes Mandala – zusammengesetzt aus Gaben der Natur – an.

Ein Mandala („Kreis") ist die Bezeichnung von magisch-symbolischen Diagrammen. Sie sind sozusagen eine bildliche Darstellung der Welt und werden im Hinduismus und Buddhismus als Meditationshilfe eingesetzt.
Der Tiefenpsychologe C.G. Jung übernahm den Terminus als Symbol der Tiefenstruktur der Psyche, das als Kreis oder Viereck Ganzheit und Totalität repräsentiert.
Auf einem großen Papier wird die Anordnung der verschiedenen Muster aufgezeichnet und die dazu benötigten Materialien vermerkt.
Anschließend schwärmt die ganze Truppe aus, um nach den vereinbarten Früchten und Materialien zu suchen. Wer besonders ausgefallene Stücke entdeckt, nimmt sie natürlich ebenfalls mit.
Auf Asphalt wird dann der Plan ins Modell umgesetzt. Blütenköpfe, Kastanien, Gräser, Bucheckern, Blätter, Steine ... werden sorgfältig aneinandergelegt bis ein buntes und geschlossenes Naturmandala gestaltet ist.

Tipp:
Fotoapparat nicht vergessen!
Material: großer Papierbogen, Naturmaterialien

112 Lustige Viechereien

Auf einen großen Bogen Packpapier wird ein Tier in „Lebensgröße" aufgemalt. Dabei darf unter allen Schwanzträgern im Tierreich ausgewählt werden. Genau dieser Schwanz aber wird in der Zeichnung ausgespart. Den sollen nämlich die Mitspieler selbst anbringen – mittels einer Schnur oder eines Wollfadens plus Klebestreifen. Wo die Schwierigkeit sein soll? Ganz einfach – kein Teilnehmer sieht etwas! Bevor er nämlich zur Tat schreitet, werden ihm die Augen blickdicht verbunden. Nun muss er sich gänzlich auf seine Instinkte und sein Erinnerungsvermögen verlassen: Wo ungefähr müsste gleich wieder der Po des Elefanten liegen? Nach Gefühl pappt jeder Spieler seinen Schwanz an das Tier.

Spielregel:
- Wer am gesamten Tier vorbeizielt, erhält leider gar keinen Punkt.
- Ist das Tier irgendwo im oder am Körper getroffen, so wird dafür ein Punkt vergeben.
- Wer das richtige Körperende erwischt, ergattert 3 Punkte.
- Sieger mit 5 Punkten ist derjenige, der den Schwanz am besten plazieren konnte.

Tipp:
Die Schwänze vorher mit Namen versehen!
Material: große Bögen Packpapier, Stifte, Schnüre oder Wollfäden

113 Kleine Wunder

Jeder Teilnehmer benötigt einen Kronkorken, der mit einer Kugel aus Knetmasse ausgelegt wird.
Für ein „kleines Wunder" macht sich nun anschließend jeder auf die Suche nach einem ganz besonders dekorativen Teil eines Zwei-

ges. Der Mini-Zweig wird in die Knetmasse gesteckt und dann geht es an die kreative individuelle Gestaltung des Zwergenbäumchens.
Dabei sind der Fantasie keine Grenzen gesetzt. Vielleicht möchte einer seinen Zweig mit Konfetti bekleben? Infrage kommen „Früchte" jeglicher Art, wenn sie nur winzig genug sind: Papierkügelchen, Äpfel aus roter Knete, Fadengehängsel, „echter" Kinderschmuck wie Ringe, Schätze der Natur wie Bucheckern, kleine Hagebutten, Gänseblümchenköpfe … oder natürlich Watteschnee für den Winter.
Die wunderbaren Kleinigkeiten werden mit Kleber festgemacht oder einfach nur angebunden. Und da soll noch einmal einer behaupten, Weihnachtsbäume gäbe es nur im Dezember.
Material: Kronkorken, Knete, kleine Zweige, diverser „Tannenbaumschmuck"

114 Rosinenmännchen

Um Rosinenmännchen zu basteln, benötigt man Zahnstocher und natürlich jede Menge Rosinen. Die großen Exemplare der getrockneten Trauben sind besonders gefragt. Mit den Fingern werden sie so lange geknuddelt, bis sie ihre ursprüngliche flache Form verändern und damit noch plastischer aussehen.
Nun kann man damit Köpfe, „Doppelbäuche" und Dreifach-Arme und -Beine bauen, indem man die getrockneten Weintrauben mit Zahnstochern zusammenspießt.
Zu guter Letzt bekommen die Männchen mit winzigen Tropfen aus der Lebensmittelfarbtube oder mit angeklebten Zuckerstreuseln lustige Gesichter verpasst.
Jedes Männchen wird in zwei kleine „Schuhe" aus Knetmasse gesteckt. So kann eine ganze Rosinenfamilie gut und gerne mehrere Generationen überleben.
Material: jede Menge Rosinen, Zahnstocher, Lebensmittelfarben oder Zuckerstreusel, Knete

115 Seifenopern

Zwei gleichstarke Gruppen stellen ihre Geschicklichkeit und ihr Reaktionsvermögen unter Beweis! Zwei Mannschaften bilden einen Kreis. In der Kreismitte schaltet und waltet der „soap-master". Er nennt ein neues Stück Seife und einen Kübel gefüllt mit lauwarmem Wasser sein eigen. Auf los geht's los: Der Seifen-Meister taucht die Seife kurz ins Wasser und quetscht sie dann ein- oder beidhändig durch Zusammenpressen der Hände zu einem Mitspieler im Kreis. Ist dieser in der Lage, das glibberige Flugobjekt zu fangen, so darf sich die Gruppe einen Punkt gutschreiben. Einen weiteren Punkt gibt es, wenn der erfolgreiche Fänger die Seife wieder zum „Master" zurückschickt und dieser sie ebenfalls zu fassen bekommt. Im Uhrzeigersinn wird das gute Stück weitergeflutscht, immer zwischen Soapmaster und nächstem Mitspieler hin und her, so lange, bis es einmal die Runde gemacht hat. Fällt die Seife zu Boden, wurde dieser Punkt verschenkt.
Statt eines Sieges nach Punkten kann man auch einfach auf Zeit spielen. Die schnellere Gruppe gewinnt. Fällt die Seife zu Boden, muss der Wurf so oft wiederholt werden, bis es geklappt hat, erst dann wird die Runde fortgesetzt.

Übrigens:
Seifenopern „klingen" natürlich am besten unter freiem Himmel, bei Sonnenschein und in Badekleidung.
Material: Seifenstück, Kübel

116 Knotenwettlauf

Auf einer Wiese werden auf zwei Bahnen in regelmäßigen Abständen 10 bis 20 Markierungen gesetzt, bunte Hütchen beispielsweise, Zweige oder Tannenzapfen.
Zwei Mannschaften stellen sich zu Riegen auf. Der erste Läufer jeder Mannschaft trägt ein geknotetes Tuch in der Hand. Beim

Startpfiff saust er los. Sobald er die erste Markierung erreicht, legt er dort seinen Knoten ab und rennt weiter bis zur letzten Markierung. Dort macht er kehrt und flitzt zur Riege zurück, wo er dem zweiten Läufer per Handschlag das Zeichen zum Start gibt. Augenblicklich macht sich dieser auf die Socken, bückt sich bei der ersten Markierung nach dem Knoten, läuft weiter und legt ihn bei der zweiten Markierung ab. Der Sprinter setzt seinen Lauf fort wie beschrieben und schickt dann den Riegendritten ins Rennen. Was hat dieser dritte Läufer nun zu tun? Richtig, er wird den Knoten zur dritten Markierung befördern, der vierte legt ihn bei der vierten Markierung ab usw.

Wer müde ist, beendet die Staffel nach der letzten zu erreichenden Markierung. Fitte Sportler aber transportieren den Knoten auf dieselbe Weise auch wieder retour – Läufer um Läufer, Markierung um Markierung, bis zurück an den Start.

Gewonnen hat die Gruppe, die zuerst alle Aufgaben erfüllt hat.

Material: Wegmarkierungen (z. B. Hütchen oder Zweige), Tuch

117 Die Wasserbombenbahn

Im Freien wird eine lange Plastikfolienbahn ausgelegt. Die Reste von Abdeckplanen eignen sich hervorragend. Einzelteile werden einfach mit Klebestreifen zusammengeflickt.

Außerdem benötigt jeder Teilnehmer einen mit Wasser gefüllten Luftballon in jeweils anderer Farbe. Nun wird die Plane mit Wasser besprengt, damit die bunten Bomben besser rutschen.

In Keglermanier gehen die Teilnehmer an den Start, einer nach dem anderen – Schrittstellung, locker in den Knien und dann ein Abwurf mit viel Gefühl. Wem gelingt es, seine Wasserbombe ganz in der Nähe eines auf der Bahn liegenden Steines zu plazieren?

Varianten:
- Zwei Spieler treten gleichzeitig an. Wessen Geschoss flutscht schneller?

- Zwei Spieler stehen sich an beiden Enden der Wasserbahn gegenüber. Gelingt es ihnen, ihre beiden Bomben aufeinandertreffen zu lassen?

Geheimtipp:
Eine Prise Tapetenkleisterpulver hier und da auf die Bahn gebröselt erhöht das Rutschtempo ungemein!

Material: Plastikfolien (Abdeckplanen, Tüten), Klebeband, verschiedenfarbige Luftballons mit Wasser gefüllt

118 Willkommen in Rudis Raffinesse-Verein

Um im Raffinesse-Verein Mitglied werden zu können, muss man bestimmte Voraussetzungen mitbringen. Man sollte nämlich so raffiniert sein, herauszufinden, was Rudi gerne hat und was er gar nicht mag.
Ein Eingeweihter gibt einige Beispiele vor:
- **Rudi** mag **reiten**, er mag aber nicht schwimmen.
- **Rudi** mag **Rollmops**, aber keine Pommes.
- **Rudi** mag **radeln**, aber er schwitzt nicht gerne ...

Jetzt sind die anderen Mitspieler an der Reihe, Dinge zu nennen, die Rudis Geschmack treffen könnten. Wer das System durchschaut hat, darf dem raffinierten Verein beitreten und sich neue Aufnahmebedingungen für weitere Spieldurchgänge ausdenken.

Die Lösung lautet:
Rudi mag nur Dinge mit R, r im Anlaut, alles andere interessiert ihn nicht im geringsten.

Weitere Ideen:
Robbis Verein mag nur Begriffe mit Doppellauten.
Sörens Verein bevorzugt Dinge mit Umlauten.

Material: –

119 Staffel-Stift

Zwei Riegen treten gleichzeitig gegeneinander an: Die Mitspieler stehen hintereinander, der erste hält einen Stift in der Hand. In einiger Entfernung befindet sich am Boden für jede Riege je ein Plakat. Dorthin gilt es zu spurten und ein Wort niederzuschreiben. Nicht irgend ein beliebiges Wort, nein! Denn kurz vor dem Start gibt der Schiedsrichter den Oberbegriff für diesen Durchgang bekannt. Ruft er beispielsweise „Gemüse" aus, so rennt der Riegenerste mit dem Stift zum Papier, währenddessen er sich eine Gemüsesorte einfallen lässt und diese dann aufs Plakat notiert, z.B. Grünkohl. Flugs rennt er zurück, übergibt den Stift an den Hintermann, dieser läuft los und schreibt ein weiteres Gemüse dazu – Karotten. Am Ende werden die verschiedenen Sorten beider Riegen verglichen. Jedes richtige Wort zählt einen Punkt, doppelt genannte Gemüsesorten innerhalb einer Riege müssen jedoch leider *beide* vom Endergebnis abzogen werden …

Weitere Oberbegriffe:
- Spielzeug
- Automarken
- Buchtitel
- Klamotten
- Gartenpflanzen
- Pilze
- Früchte …

Material: zwei Plakate, Stifte

120 Der Kuckuck im Nest

Alle Mitspieler sitzen auf Stühlen in einem Halbkreis nebeneinander. Ihnen gegenüber hockt ein „Kuckuck" auf dem Boden. Listig hält er für jeden Spieler ein zusammengefaltetes Zettelchen mit einer Nummer bereit. Da jede Nummer zweimal vorkommt, erhalten auch jeweils zwei Teilnehmer die gleiche Zahl. Wer jedoch welches Los gezogen hat, soll geheim bleiben. Vor allen Dingen der Kuckuck selbst darf keinen Einblick in die Zahlenzuordnung bekommen! Wer welche Nummer vertritt, muss der Kuckuck nun schon selbst herausfinden, indem er eine Zahl laut herausruft: „2". Da zunächst der eine Zweier keine Ahnung hat, wo der zweite Zweier sitzt, müssen sich die beiden unauffällig durch Körpersprache verständigen. Dann tauschen sie blitzschnell ihre Plätze. Der flinke Kuckuck versucht ihnen jedoch zuvorzukommen und sich in ein fremdes Nest zu setzen. Gelingt es ihm einen der beiden Stühle zu erreichen, bevor sich Nummer 2 niederlassen konnte, so darf er dort bleiben und der übrige Spieler wird zum neuen Kuckuck ernannt.

Nach ein paar Durchgängen müssten die zusammengehörigen Zahlenpartner soweit bekannt sein, dass die Nesteroberung nur noch eine Frage der Konzentration und des Lauftempos ist.

So wird's schwieriger:
Der Kuckuck ruft zwei verschiedene Zahlen aus, die die Plätze tauschen müssen.

Material: Papier, Stifte

VII. Der Ernst des Lebens
Lernspiele

Ein leidiges Thema ist sie häufig, diese Schule. Angefangen beim frühen Aufstehen über die langen Stunden konzentrierten Arbeitens, das Ertragen langweiliger Lehrer und kniffeliger Prüfungsfragen bis hin zu den zeitraubenden Hausaufgaben hat die Schule so manches zu bieten, um den Schülern das Leben schwer zu machen. Ganz zu schweigen von verhassten Unterrichtsfächern, in denen das Lernen am schwersten fällt. Und doch haben Kinder ihre Einstellung der Schule gegenüber ebenfalls gelernt. Ganz entscheidend ist es, wie Vorbilder, z. B. Eltern, Geschwister, die Tante, Freunde von Schule sprechen und wie gerne sie selbst tatsächlich dorthingegangen sind. Aussagen wie: „Ich fürchte mich mehr als meine Tochter vor dem ersten Schultag", „Die andere Lehrerin wäre besser für meinen Toni gewesen", „Geschichte hab ich selbst noch nie gekonnt, genauso geht es jetzt meiner Sabine ..." lösen bei Kindern eher Ängste, Unwillen oder schüchternes Verhalten aus, als sie auf den „Ernst des Lebens" vorzubereiten.

Viel besser ist es, selbst Anteil an der Schule zu nehmen, und zwar nicht nur als Wächter der Hausaufgaben oder als unerbittlicher Hauslehrer, der freudlos die Vokabeln einpaukt!

Das beste Schülervorbild ist ein neugieriger, begeisterungsfähiger Mensch, der die positiven Aspekte des Lernens erkennt. Wenn er sich dann noch von seinem erhabenen Ross der Klugheit, Reife und Erfahrung herunterlässt, um selbst noch einmal die Schulbank zu drücken – wenigstens in einem Spiel – dann kann das eine motivierende Sache sein. Warum sollten Gruppenspiele nicht auch Lernspiele sein, wenn Spaß und Spannung garantiert sind?

Schule macht Spaß, so lautet die Prämisse dieses Kapitels. Da ist für jeden etwas dabei. Bei geringfügiger Variation können die folgenden Spiele auch in verschiedenen Altersgruppen eingesetzt werden.

121 Nachrichten-Bingo

Bei diesem Spiel wird es sich bald erweisen, wer politisch up to date ist!
Alle Mitspieler setzen sich zu Beginn der Tagesnachrichten vor den Fernseher. Einer von ihnen, der Protokollführer, ist mit Papier und Schreibstift gerüstet und notiert mitlaufend zur Sendung sämtliche wichtigen Informationen in Stichpunkten. Die anderen dürfen keinen Einblick in die Notizen erhalten! Sie sollen sich nämlich die News ohne schriftliche Stütze einprägen so gut es geht. Im Anschluss an die Sendung nimmt der Protokollführer einen ersten Spieler mit nach nebenan ins „Bingozimmer". Dort setzen sich Spieler und Protokollführer einander gegenüber. Der Spieler beginnt nun systematisch die Nachrichten, die er sich merken konnte, aufzuzählen. Sobald eine seiner Aussagen mit einem Punkt auf der Liste des Protokollführers inhaltlich übereinstimmt, nickt derselbe zustimmend und setzt hinter die betreffende Aussage den Anfangsbuchstaben des Spielers. Sollte der selbe Spieler tatsächlich alle auf der Liste befindlichen Informationen hersagen können, so ruft der Protokollführer „Bingo".
Der nächste Mitspieler wird hereingerufen. Mal sehen, ob er mit der Leistung seines Vorgängers mithalten kann! Gibt es am Ende des Spieles mehrere Sieger mit dem vollen Bingo-Ergebnis, dann wird ein Stechen durchgeführt. Wer beantwortet am schnellsten eine Frage aus einer mehrere Tage zurückliegenden Sendung?
Material: Fernseher, Papier, Stifte

122 Zehendiktat

Bis neue Lernwörter aus Diktaten und Wochentexten richtig „sitzen", muss man sie natürlich üben. Ausgesprochene Rechtschreibmuffel kann man vielleicht mit folgender lustigen Übungsvariante aus der Reserve locken: Jeder Mitspieler setzt sich barfuß auf den Boden. Mit einem Filzstift zwischen den Zehen sollen nun Druck-

buchstaben auf ein großes Malpapier geschrieben werden. Der Spielführer diktiert die Lernwörter der Woche.
Material: große Papierbögen, Filzstifte

123 Aus dem Ärmel geschüttelt

Jedes Gruppenmitglied schreibt einen x-beliebigen Begriff auf einen Los-Zettel. Alle Zettel werden in einer Tüte versenkt und ordentlich durchgemischt.
Das erste Starterpaar greift in den Beutel. Jeder von den beiden zieht je zwei Lose, zum Beispiel:

| Auto | Pfirsich | Italien | Karies |

Das Paar liest die gezogenen Begriffe laut vor und hat anschließend fünf Minuten Zeit, um eine Geschichte zu diesen Wörtern zu erfinden. Auch die übrigen Teilnehmer nutzen die Zeit, um schriftstellerisch tätig zu werden.
Nach Ablauf der Frist schüttelt das Starterpaar seine Story aus dem Ärmel, man darf gespannt sein.
Die anschließende Lesung aller weiteren Geschichten zu denselben Reizwörtern sollte nicht als Vergleich dienen. Aber staunen darf man schon über die Vielzahl der verschiedenen Ideen. Es lebe die Fantasie!
Material: Papier, Stifte

124 Ballonmathematik

Ballonmathematik ist ein Rechenspiel, bei dem zuerst Paare gebildet werden müssen. Davon begibt sich je ein aktiver Spieler mitten in eine Luftballonschlacht, der zweite Spieler nimmt Beobachtungsposition ein und hält die Ballonkontakte des Partners schriftlich auf einem Notizblock fest.
Die aktiven Spieler versammeln sich ungeordnet in der Raummitte. Nun wird eine Menge an aufgeblasenen und beschrifteten Luftbal-

lons ins Spiel gebracht. Auf jedem Ballon steht eine beliebige Zahl geschrieben (dunklen Filzstift verwenden). Die Wahl dieser Zahlen hängt vom Alter und der Rechenfertigkeit der jeweiligen Gruppe ab. So fliegen die Ballons kreuz und quer durch die Menge. Jeder, dem ein mathematisches Flugobjekt vor die Nase gerät, schlägt zu und befördert den Ballon so weit wie möglich weg von sich. Doch unterdessen muss die Ballonzahl registriert und gut gemerkt werden. Denn sobald der zweite Ballon angeflogen kommt, muss dessen Rechenzahl zu der vorhergehenden hinzuaddiert werden usw.

Dem Beobachter im Hintergrund entgeht dabei absolut nichts. Er notiert die Zahl jedes Luftballons, den sein Partner berührt hat. Am Ende der Spielzeit wird verglichen: Stimmt die Kopfrechenarbeit des aktiven Partners mit der Summe aller auf dem Notizzettel befindlichen Zahlen überein?

Material: Papier, Stifte, Luftballons, Filzstifte (möglichst Folienstifte)

125 Waschklammerneinmaleins

In einem Korb liegen eine Menge beschrifteter Waschklammern aus Holz. Auf jeder Klammer steht eine Zahl von eins bis 20. Außerdem benötigt jedes Spielerpaar einen Kartonstreifen mit eingezeichneten Feldern.

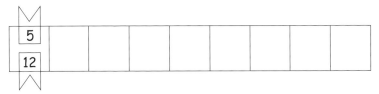

Auf ein Startsignal hin greifen beide Spieler in den Waschklammernkorb und fischen wahllos jeweils ein Exemplar heraus. Beide Klammern werden einander gegenüber in das erste Feld geklemmt, beispielsweise Klammer 5 und Klammer 12. Nun soll blitzschnell multipliziert werden! Wer kann als Erster das richtige Produkt nennen? Der Schnellere dieser ersten Runde darf seine Waschklammer

stecken lassen, der andere zieht seine Klammer wieder ab und legt sie in den Korb zurück. Sieger ist derjenige Spieler, der mehr Klammern auf seiner Kartonseite vorweisen kann.
Material: Wäscheklammern aus Holz, Korb o. Ä., Papierstreifen aus festem Karton

126 Englisches Memory oder

Jedes Gruppenmitglied fertigt eine stattliche Anzahl an Memorypaaren an. Dazu werden jede Menge gleichförmiger Kartonstücke oder Streifen geschnitten und mit geeigneten Begriffen beschriftet. Mittels Lexikon sucht jeder die entsprechenden englischen Ausdrücke dazu und schreibt sie auf einen Zwillingskarton. So entsteht ein reichhaltiger und unbegrenzt ausbaufähiger Fundus an zusammengehörigen Memorypaaren, die nun ein tolles Gemeinschaftsspiel ermöglichen. Wer ergattert die meisten Paare?
Auf diese Weise gewinnt auch für Fremdsprachenmuffel die Arbeit einen besonderen Reiz – nicht nur in Englisch ...

Tipp:
Für kleinere Kinder wird der deutsche Begriff als Bildchen aufgemalt. Auch wenn sie den fremdsprachlichen Begriff noch nicht selbst erlesen können, so wird durch das Spiel doch ein gewisses Gefühl für den Klang der neuen Sprache grundgelegt.
Material: Karton, Lexikon, Stifte

127 Reporter „P"

 oder

Jeder Mitspieler hat eine Seite einer alten Tageszeitung vor sich liegen. Einer wird zum Reporter ernannt und geht im Geiste das Alphabet durch. Ein zweiter Spieler stoppt ihn ab, angenommen beim Buchstaben P. Flugs machen sich alle auf die Suche. Mit einem Stift werden von oben bis unten soviele P's eingekringelt, wie jeder auf seiner Textseite finden kann. Wer kann die meisten Kringel vorweisen?

Tipp:
Geübtere Leser unterscheiden bereits Groß- und Kleinbuchstaben.
Material: alte Tageszeitung, Stifte

128 Schätzungsweise ungefähr

Alle Mitspieler sitzen im Kreis um einen großen Bogen Papier. Jeder zeichnet mit Filzstift eine beliebig lange Strecke auf, dann werden die Stifte beiseite gelegt. Reihum soll nun jeder Teilnehmer zu jeder Strecke seine Längenschätzung in Dezimeter, Zentimeter oder Millimeter abgeben. Dann wird mit dem Lineal penibel nachgemessen. Wer lag mit seiner Schätzung der realen Streckenlänge am nächsten?
Zehn Punkte erwarten den „Schätzmeister" einer jeden Runde.
Material: großer Bogen Papier, Stifte, Lineale

129 Flohmarkt

Das Verfassen von Anzeigen kann ungeheuren Spaß bereiten, wenn man dabei folgendermaßen vorgeht:
Jeder Mitspieler erhält ein Blatt Papier, auf dem er Punkt 1 seiner Verkaufsanzeige, seines Kaufgesuches oder Tauschgeschäftes notiert, nämlich:

1. den Gegenstand

Da der benachbarte Spieler nicht wissen soll, um welchen Gegenstand es sich handelt, wird der Zettel umgeknickt, mit einer 2 in der nächsten Zeile versehen und an den nächsten Spieler weitergereicht. Dieser schreibt auf,

2. wozu man diesen Gegenstand verwendet,

faltet das Papier nach hinten, beschriftet die nächste Zeile mit 3 und gibt den Zettel weiter.

In gleicher Weise werden die beiden letzten Punkte der Anzeige abgefasst

3. eine Besonderheit dieses Gegenstandes
4. sein Preis (bzw. wogegen er eingetauscht werden soll)

Am Ende wird das Flohmarktinserat aufgefaltet und man kann dann lesen:

> Susi Pleite: Ich tausche
> 1. Künstliche Wimpern
> 2. für die Zubereitung von Schafskäse
> 3. mit vielen Blümchen dran
> 4. gegen eine bunte Luftmatratze

130 Zahlen-Klatsch

Sich gedanklich zur Ordnung rufen muss man auch bei folgendem Spiel:

Es gibt einen Spielführer, den „Klatscher". Er übermittelt den anderen Mitspielern per Klatschlauten eine Zahl. Die Zuhörer zählen die Klatscher mit und notieren die Endsumme als Ziffer auf ihrem Papier.

Z.B. 8 Klatscher = 8
Danach folgt ein zweites und ein drittes Klatschsolo mit vier und neun Klatschern. Schon ist die dreistellige Zahl komplett, sie lautet: 849.
Das Spiel wird langsam und mit Notizzettel begonnen, dann wird das Klatschtempo gesteigert auf „schnell" und „sehr schnell".
Und wer schafft es letztlich, sich so eine dreistellige Zahl ohne schriftliche Hilfe zu merken?
Material: Papier, Stifte

131 Lupenrein

Achtung Detektivgeschichten für Besitzer von Vergrößerungsgläsern!
Mit einem Minenbleistift Marke „superdünn" schreibt jeder viele lustige, langweilige oder sachlich informative Sätze untereinander auf ein Blatt Papier. Geeignet ist alles, was einem so einfällt, vorausgesetzt, folgende drei Bedingungen werden erfüllt:
1. In jedem Satz muss mindestens ein grammatikalischer oder ein rechtschriftlicher Fehler eingebaut sein.
2. Die Sätze sollten blitzsauber und leserlich geschrieben werden.
3. Die Schrift ist so winzig klein, dass man schon eine Lupe zum Erlesen benötigt.

Nun werden die mit den Mini-Sätzen übersäten Zettel jeweils in Höhe der Mitspieleranzahl kopiert.
Das Los entscheidet, wessen literarische Ergüsse als erste unter die Lupe genommen werden. Dieser Stapel Kopien wird nun an die Teilnehmer ausgeteilt. Jeder Spieler hat nun eine gleiche Ausgabe vor sich liegen, ein weißes Abdeckblatt und natürlich die besagte Lupe. Unmittelbar nach Erhalt des Mini-Schriftstückes wird es komplett mit dem Leerblatt abgedeckt, damit besonders motivierte Detektive nicht schon früher als andere mit ihrer Suche beginnen können. Jetzt gibt der Verfasser des Textes das Zeichen zum Start. Satz 1 soll mittels des Vergrößerungsglases erlesen und auf mögliche Fehler hin untersucht werden.

Schnell meldet sich der zu Wort, der als erster glaubt, alle Fehler entdeckt zu haben. Hat er recht, so wird ihm für die richtige Lösung ein „Lupenpunkt" gutgeschrieben.

Hat er sich jedoch geirrt oder etwas übersehen, so darf er bei der Analyse des zweiten Satzes nur noch mitdenken, sich aber nicht mehr zu Wort melden.

Ab Satz 3 ist dann alles wieder beim Alten und er kann sich an dem Wettlauf zum schnellsten Korrektor beteiligen.

Material: Papier, Bleistifte, Lupen

132 Kniebeugen-Einmaleins

Auf auf zum fröhlichen Rechnen! Alle Mitspieler stehen im Halbkreis, die Arme nach vorne ausgestreckt. Der Starter gibt eine beliebige erste Zahl zwischen eins und 20 vor, beispielsweise die 5. Dabei führt der Sprecher eine formvollendete Kniebeuge aus, und zwar genau nur eine. Der nächste Spieler berechnet nun das Ergebnis von 2×5, nennt das Ergebnis laut und geht infolgedessen auch $2 \times$ in die Knie, sein Nachbar weiß genau, wieviel 3×5 ergibt. Während er das Ergebnis nennt, macht er drei Kniebeugen usw. So wird die Einmaleins-Reihe fortgesetzt bis 10×5.

Aber Achtung! Wer unkonzentriert ist und sich bei der Lösung seiner Aufgabe verrechnet, muss zum Zwecke einer besseren Gehirndurchblutung genau so viele Kniebeugen exerzieren, wie das richtige Ergebnis vorschreibt – getreu dem Motto: Wer's nicht im Kopf hat, hat es in den Beinen!

Material: –

133 Kurze Geschichten

Bei diesem Spiel gilt es in einigen Sätzen Aussagen zu einem bestimmten Begriff zu formulieren und sie in ansprechender Form schriftlich niederzuschreiben.

Das Prinzip ist denkbar einfach. Jeder Mitspieler überlegt sich einen x-beliebigen Begriff und schreibt ihn auf einen Zettel. Dabei darf es sich um konkrete wie abstrakte Begriffe handeln. Die Zettel werden zusammengefaltet und in ein Lose-Körbchen gelegt. Nun zieht jeder ein Los und verschwindet damit in eine ruhige Ecke. Alle Teilnehmer können sich die Zeit nehmen, die sie benötigen, um einen gut verständlichen Text mit Niveau zu verfassen. In trauter Runde werden dann die Ergebnisse einzeln vorgestellt und in kurzen Diskussionen gewürdigt, kritisiert oder um wesentliche Aspekte bereichert.

Tipp:
Jüngere Mitspieler erzählen, was ihnen zum jeweiligen Wort einfällt.
Material: Papier, Stifte, Körbchen o. Ä. für die Lose

134 Die Ü-Ei-Börse

Auf der Ü-Ei-Börse werden all die gesammelten Plastikschalen der bekannten Überraschungseier mit neuem Inhalt angeboten: Im einen Döschen findet sich ein deutscher Satz, der ins Englische übersetzt werden soll, im nächsten vielleicht eine Frage zum Geschichtsunterricht der letzten Woche, wieder andere Eier enthalten zu lösende Rechenaufgaben mit Pfiff ... Art und Niveau der Fragen richten sich nach dem Könnerstand und dem Lerngebiet der Teilnehmer.
Die mit den Zetteln neu präparierten Eier werden in einer Schüssel z.B. als Nachspeise einer gemeinsam in der Gruppe eingenommenen Mahlzeit gereicht. Als Nachtisch greift jeder einmal hinein – auch die Erwachsenen natürlich – und löst die enthaltene Aufgabe. So werden die beliebten Überraschungseier auch noch zu geistig nahrhaften Übungseiern.
Material: leere Überraschungseier, Papier, Stifte

135 Geheimwörter oder

Alle Teilnehmer haben einen längeren Papierstreifen vor sich liegen und beschriften ihn mit einem Wort in Druckbuchstaben. Dann knickt jeder seinen Streifen so um, dass nur die letzten beiden Buchstaben sichtbar sind und reicht das Papier an seinen Nachbarn weiter. Dieser überlegt sich, um welches Wort es sich gehandelt haben könnte und fügt ein weiteres Wort dazu, das als Wortzusammensetzung passen könnte, z. B.

Au	to	ma	te
Fo	to		

Sobald der Streifen vollgeschrieben ist, wird er aufgefaltet. Eine lustige Kette von zusammengesetzten Namenwörtern ist entstanden. Ob die Zusammensetzungen jeweils einen Sinn ergeben, entscheidet das Spielerteam im gemeinsamen Vorlesen der Ergebnisse.

Material: Papier, Stifte

136 Mein Spezialgebiet

Indem Kinder über „ihr Spezialgebiet" erzählen, schlüpfen sie in die tragende Rolle eines Berichterstatters, der genau weiß, wovon er spricht. Welches Thema gewählt wird, ist gänzlich beliebig. Es kann sich dabei ebensogut um die Pflege des Hundes, um Sternbilder am Himmel, um Comic-Hefte, um den Bau einer Steinburg, wie um spezielle Regeln der Rechtschreibreform und andere typisch schulische Lerninhalte handeln. Hauptsache es macht Spaß und man wird gehört. Zum Vortrag dürfen Medien nach Wahl eingesetzt werden. Auf keinen Fall kann auf eine Pinnwand und einen Zeigestab verzichtet werden. Erstere dient dazu, der Hörerschaft zumindest die gewählte Thematik einprägsam vor Augen zu füh-

ren, und mit dem Zeigestab können ergänzende Angaben, Begleitzeichnungen oder Bilder angezeigt werden. Wenn nun noch der Berichterstatter mit einem Namensschild (Klebeetikett) als Fachmann in eigener Sache ausgewiesen wird, dann ist so ein Spezialistenvortrag eine sogar optisch äußerst gewichtige Angelegenheit.
Material: Pinnwand, Zeigestock, Klebeetiketten, diverses Material

137 Das Buch des Wissens

In der Regel wird bei Gesprächen über die Schule gerne jenes breitgetreten, was man wieder einmal nicht richtig gemacht hat. Eine vermurkste Schulaufgabe z. B., schlampige Hausaufgaben, zuwenig geübt ... Immer das gleiche Lied. Wird sich das denn niemals ändern, fragen sich viele Erziehende (oft zu Recht).
Vielleicht packt man die Sache einmal ganz anders an! Heute wird nämlich das große „Buch des Wissens" geöffnet. Es besteht aus einem Büchlein oder einem kleineren Heft mit zauberhafter Umschlaggestaltung. Auf dem Deckel steht dick und fett der aufregende Titel. Und innen wird in schönster Schrift täglich vermerkt, was jedes Gruppenmitglied an Neuem gelernt hat. Was hat man heute in der Schule und auch außerhalb gelernt, was man gestern noch nicht wusste? Eine spannende Angelegenheit. Für jede Neuigkeit wird außerdem ein Farbpunkt in das Heft eingeklebt.
Wenn es um die Verteilung von Strafpredigten geht, schreit natürlich keiner „hier". Wenn aber neues Wissen sichtbar geschätzt, notiert und sogar punktemäßig hervorgehoben wird, da lässt sich doch niemand lumpen. Schon gewusst?
Material: leeres Buch oder Heft, Papier, farbige Klebepunkte

138 Die Allround-Ralley

Für die „Allround-Ralley" braucht es ein wenig Vorbereitung. Entsprechend dem Könnenstand der Teilnehmer entwirft der Spielführer eine beliebige Anzahl von Querfeldein-Fragen zu den verschie-

densten Unterrichtsfächern bzw. Themengebieten. Besonders motivierend sind solche Fragen, die mit einem Such- oder Forschungsauftrag verbunden sind, wie z.B.
- Wie lang ist die Strecke zwischen der Garageneinfahrt und dem Apfelbaum? Miss in m, dm und cm.
- Wie lautet das englische Wort für Staubsauger?
- Im Garten wächst eine Pflanze mit lila Blüten und herzförmigen Blättern. Suche sie, bringe ein Laubblatt mit und forsche in einem geeigneten Bestimmungsbuch nach ihrem Namen und weiteren Angaben.
- In welchem Land liegt die Stadt Barcelona?
- Welche Schuhgröße trägt dein Sportlehrer?
- Berechne die Textaufgabe auf S. 15 in deinem Mathematikbuch usw.

Eingestreute Scherzfragen erhöhen den Spielanreiz erheblich. Man darf gespannt sein, mit welchen Ergebnissen die Teilnehmer zur vereinbarten Zeit am Zielort eintreffen.

Material: Papier, Stifte

139 Buchstaben-Quiz oder

Für dieses Rechtschreibspiel werden Buchstabenwürfel benötigt. Man kann also entweder die bereits beschrifteten Würfel eines vorhandenen Buchstaben-Spieles verwenden (z.B. Letra-Mix), oder man schreibt mit Filzstift die Buchstaben des Alphabetes auf Würfelzucker.

Schon geht es los! Je nach Leistungsniveau wird mit einem, zwei, drei oder mehr Würfeln gewürfelt! Nun soll rasch ein Wort gefunden werden, das alle erwürfelten Buchstaben enthält. Dabei sollte schon so lange gewartet werden, bis auch der langsamste Spieler zu einem Ergebnis gelangt ist. Die Höchstpunktzahl richtet sich nach der Anzahl der Teilnehmer. Wenn also sechs Spieler mitwirken, erhält der schnellste „Wortfinder" sechs Punkte. Der zweitschnellste bekommt fünf Punkte usw. Die erreichte Punktezahl hält jeder auf seinem persönlichen Notizzettel fest. Nach jeder Würfel-

runde müssen natürlich die Wortschöpfungen erst einmal auf ihre rechtschriftliche Korrektheit überprüft werden. Erst dann hat die Bepunktung auch Gültigkeit.
Material: Buchstabenwürfel (z.B. aus vorhandenen Spielen), Papier, Stifte

140 Die Bücherwaage

Die Gruppe tritt geschlossen zu einem Lesewettbewerb der besonderen Art an! Alle Teilnehmer werden zunächst auf eine Personenwaage gestellt und gewogen. Das Gewicht des schwersten Gruppenmitgliedes stellt den Ausgangspunkt des Wettbewerbes dar. Angenommen die schwerste Person wiegt 69 kg, dann lautet die Preisfrage: In welchem Zeitraum wird es die Gruppe schaffen, einen Bücherberg zu bewältigen, der ebenfalls 69 kg wiegt?

Jedes gelesene Buch wird auf die Waage gelegt und sein Gewicht auf einem Protokollblatt vermerkt. Besonders beeindruckend wäre es natürlich, wenn die Bücher auf der Waage liegenbleiben könnten und sich so lange stapeln, bis das Ziel erreicht ist. Zur Belohnung wird vielleicht ein Kinobesuch ausgesetzt, beispielsweise die Verfilmung eines interessanten Kinder- oder Jugendbuches.

Tipp:
Die Bücher könnten natürlich einfach nur abgelegt werden, ohne dass sie jemand gelesen hat. Um dieser Mogelei vorzubeugen, wird jeder Mitspieler nach Lektüre eines Buches eine kurze Inhaltsangabe zum Text schreiben und diesen Zettel – mit Datum versehen – gut aufbewahren. So lässt sich am Ende auch leicht feststellen, wie hoch die Bücherbeiträge der Gruppenmitglieder im Einzelnen ausgefallen sind.

Material: Personenwaage, jede Menge Bücher, Papier, Stifte

VIII. Schönes Wochenende
Freizeitspiele

Endlich Freitag! Der letzte Arbeits-, bzw. Schultag der Woche ist gekommen, ein langes freies Wochenende ist in Sicht. Endlich Zeit für gemeinsame Unternehmungen und Ausflüge.

Doch häufig kommt es gerade am heißersehnten Wochenende völlig unerwartet zum größten „Krach" in der Gruppe oder Familie. Vielen fehlt gerade an Feiertagen die gewohnte Strukturierung eines Werktages, alle sitzen „aufeinander", keiner weiß so recht, wohin mit sich. Da braucht sich nur noch das Wetter von seiner schlechtesten Seite zu zeigen und der geplante Badetag im Frei-

bad ins Wasser zu fallen, schon ist die Laune dahin. Nicht selten endet ein solcher Tag mit temperamentvollen Gefühlsentladungen und man sagt sich ordentlich die Meinung ins Gesicht – jetzt wo gerade schon einmal Zeit dafür ist ...
Was nun zu tun ist? Ganz einfach: Sie sprechen sich gründlich aus (s. Kapitel I), versöhnen sich wieder (s. Kapitel II) und lesen anschließend im folgenden und letzten Kapitel nach! Es enthält viele bunte Spiele zur gemeinsamen Gestaltung von Freizeit – egal ob es regnet, die Sonne scheint oder ob es schneit!
Happy weekend!

141 Kirschentauchen oder

Auf der Mitte eines Tisches befindet sich eine mit Wasser gefüllte Schüssel. Im Wasser treiben jede Menge roter, reifer Kirschen, hm! Keine Sorge – hier geht es nicht um Obst-Einmachen. Heute darf nach Früchten getaucht werden:
Dazu stellen sich alle Teilnehmer kreisförmig um die Schüssel. Der erste verschränkt nun beide Arme hinter seinem Rücken und beugt sich vorne über. Dann taucht er mit geöffnetem Mund in das feuchte Element ein und versucht mit den Lippen (oder Zähnen) eine Kirsche einzufangen. Die darf er auch gleich genussvoll verspeisen, den Kern behält er aber im Mund. Der nächste Spieler ist an der Reihe. Sind alle Mitspieler fündig geworden, wird das Wasser ausgeleert. Jeder Kirschkernbesitzer tritt einen Meter zurück und es geht ans Spucken. Wer trifft seinen Kern in die Schüssel?
Ein Spiel, besonders geeignet für heiße Sommertage. Wer mag, spielt es so wie beschrieben. Natürlich kann man bei ausreichender Teilnehmerzahl auch zwei Gruppen gegeneinander antreten lassen – diesmal auf Zeit, versteht sich.
Petri Heil!
Material: Schüssel, Kirschen

142 Betondatschi mit Tritt

Ein Betondatschi oder Betonreibekuchen ist ein schwerwiegendes und nicht kaputt zu kriegendes Gesamtkunstwerk einer Gruppe. Man benötigt dazu erst einmal ein „Reibekuchenblech" in Form eines Holzbrettes. Auf dieses Brett werden vier ca. 10 cm hohe Randleisten aufgenagelt.
Gefüllt wird dieser monumentale „Kuchen" mit Beton – natürlich.

Zutaten für den Teig:
- feiner Betonkies mit einer Körnung für Glattstrich (bei Baustellen anfragen!)
- Zement
- Wasser

Zubereitung:
Auf einer Unterlage aus Pappe werden vier Teile Kies und ein Teil Zement trocken gemischt. Die Mischung wird mit der Schaufel zu einem langen Wall angehäufelt. Entlang der Spitze dieses Walles zieht man eine Furche. In die Furche schüttet man nun langsam Wasser, lässt es einsaugen und mischt erneut so lange, bis eine teigige Masse entstanden ist.
Anschließend wird der Betonteig in die Holzschale gegeben und glatt geschüttelt. Sobald der Beton anzieht, treten alle Gruppenmitglieder einmal satt mit ihren Füßen in den Brei, hübsch nach Größen geordnet oder auch durcheinander. Und darunter ritzt jeder mit einem Stöckchen seine Initialen ein! Eine seltene Pracht, wenn der Datschi gehärtet ist und aus der Form genommen werden kann.
Wer will, bemalt die Tritte mit Farbe und Lack.

Tipp:
Mit diesem Verfahren könnten Gruppen auch tolle Gemeinschaftsarbeiten erstellen, die sogar eine Funktion erfüllen, z.B. eine Vogeltränke, Sitzmöbel oder auch handgemachte Klinkersteine ...
Material: Betonkies, Zement, Wasser, Farben, Lacke

143 Flöhe fangen oder

Auf die Seite eines Malblockes werden 50 (oder mehr) kleine Flöhe gezeichnet. Alle Spieler sitzen um den Tisch; jeder hält einen andersfarbigen Stift in der Hand. Dem Starter werden die Augen verbunden. Der Spielführer gibt das Kommando: Auf die Flöhe, fertig, los! Der Blinde beginnt unverzüglich mit der Jagd, indem er flott hintereinander 10 kleine Kreise willkürlich auf das Papier setzt. Genau 10 Kreise sollen es sein – nicht weniger und nicht mehr. Anschließend wird ihm die Augenbinde abgenommen und die Beute gezählt. Jeder Floh, der in einem Kreis gefangen wurde, bringt einen Punkt ein.

Regel:
Nur unversehrte Flöhe werden bepunktet! Flöhe, die von der Kreislinie überschnitten oder auch nur berührt werden, scheiden aus.
Material: Malblock, Stifte, Augenbinde (z.B. Halstuch)

144 Therapiekarteln

Was tut so richtig gut? Richtig – wenn man z.B. „brüllen darf wie ein Löwe". Schon steht der Inhalt der ersten Therapiekarte fest: Der Finder dieser Idee schreibt den „therapeutischen Auftrag" auf eine Kartonkarte.
Diese Kartenrohlinge werden vor Spielbeginn zurechtgeschnitten und an alle Teilnehmer verteilt. Jeder sammelt bis zu 10 solcher lustigen Ideen, gestaltet dazu 10 Karten und dann wird gespielt. Die ordentlich gemischten Karten liegen verdeckt auf einem Stapel in der Tischmitte. Der erste hebt eine Karte ab und erliest leise den „therapeutischen" Vorschlag. Dann setzt er ihn in Handlung um. Die anderen versuchen die Kartenbotschaft zu erraten. Im Uhrzeigersinn darf sich so einer nach dem anderen eine Spielkarte nehmen. Es ist aber keiner verpflichtet, in jeder Runde abzuheben. Auch muss kein Spieler den gezogenen Vorschlag ausführen. In

diesem Fall legt er die Karte zurück. Nach mehreren lustigen Spieldurchgängen kann man die Sache vielleicht auch ernster angehen und die Sammlung um weitere Karten mit einfühlsamen Fragen oder Anregungen mit mehr Tiefgang erweitern.
Material: Kärtchen aus festem Karton, Stifte

145 Die Mitternachts-Baumparty

An einem lauen Sommerabend erwartet man mit Spannung die erste Dunkelheit. Kein Wunder, denn heute steigt eine tolle Baumparty. Dazu werden alle funktionstüchtigen Taschenlampen eingesetzt, die aufzutreiben sind. Außerdem rüsten sich alle Teilnehmer mit einer warmen Decke oder einem Kissen als Unterlage. Ferner sind lauter Utensilien gefragt, mit welchen man leise Geräusche produzieren kann, z.B. ein Schlüsselbund, breite Gräser für Graspfeifen, Erdnussflips oder Chips, die beim Zerbeißen krachen, eine Mundharmonika usw.

Nun wird es romantisch: Alle Taschenlampen werden eingeschaltet und gegen Baumstämme oder Sträucher gelehnt, so dass der Taschenlampenstrahl in Richtung Baumkrone zeigt. Um jedes Nachtlicht gruppieren sich ein paar Leute und machen es sich auf ihren Kissen gemütlich. Sobald Ruhe eingekehrt ist, kann man aus den verschiedenen Grüppchen leise Laute vernehmen. Aus welcher Ecke kommt nun der Pfeifton, woher das Miauen, wer klimpert mit den Schlüsseln?

Und vielleicht klingt dieses nächtliche Intermezzo mit Gitarrenklängen und gemeinsam gesungenen Volksliedern aus?
Material: Taschenlampen, Decken, Kissen, Geräusch-Materialien

146 Familie Löwenzahn

Mit diesem Spiel wird ein symbolisches Zeichen für die Zusammengehörigkeit einer Gruppe gesetzt. Jedes Mitglied der „Gruppenfamilie" bekommt ein Töpfchen, das mit Erde gefüllt ist. Dann wird auf der Wiese nach dem Samenstand eines Löwenzahn-Lampions gesucht. Aus diesem Samenballon pickt sich nun jeder ein Samenschirmchen heraus und pflanzt es in seinen Topf. Jetzt beschriftet jeder Gärtner in Großbuchstaben sein Töpfchen mit seinem eigenen Namen. Zuletzt werden die Minitöpfe Susis, Walters, Amelies und des Gruppenleiters tüchtig begossen und am Fensterbrett aufgestellt. Hiermit ist jeder Teilnehmer offiziell aufgefordert, Verantwortung für das Wachstum der Pflanzengruppe zu übernehmen. Und zwar so lange, bis die fertige Löwenzahnfamilie sonnengelb erblüht.

Tipp:
Auch Wuff, der Hund sollte ein Pflänzchen bekommen, sonst ist er womöglich beleidigt.

Material: kleine Blumentöpfchen, Blumenerde, Filzstifte

147 Gruppen-Trikots

Für dieses Spiel opfert jedes Gruppenmitglied ein einfarbiges T-Shirt. Außerdem wird eine stattliche Farbauswahl von Filzstiften benötigt, mit welcher die Hemdchen verziert werden sollen. Damit die Farbe nicht auf die Rückseite durchdrückt, wird in das jeweils zu bearbeitende Kleidungsstück eine Trennfolie eingelegt, eine Plastiktüte zum Beispiel. Dann beschriftet jeder T-Shirt-Besitzer das eigene Stück ganz groß mit seinem eigenen Namen. Wer will, malt bunte Schnörkel als Umrahmung. Nun wird das Hemd an den nächsten weitergereicht, der seine Unterschrift auf dem Stoff verewigen darf. Dazu überlegt er sich ein kleines Bildchen oder ein Symbol, das irgendwie mit seiner Freundschaft zum Hemdträger in Beziehung stehen könnte. Ein drittes Gruppenmitglied ergänzt das T-Shirt um sein Autogramm usw. Für jedes Mitglied wird ein solches Hemd angefertigt, um es bei besonderen Anlässen oder auch alltags mit Würde zu tragen.

Material: T-Shirts, Filzstifte (Stoffmaler), Trennfolien (z.B. Plastiktüten)

148 Bei den Grasindianern

Die Grasindianer sind ein äußerst naturverbundenes Volk, welches zur Zeit der Wiesenblüte eine besondere Tradition pflegt.
Jeder „Stammesangehörige" versieht sein Haupthaar mit vielen Zöpfchen. Dazu wickeln sich die Jungs und Mädchen Haargummis um einzelne Strähnen. Ob geflochten oder lose bleibt dem Geschmack des Einzelnen überlassen. So bezopft begibt sich die Gruppe hinaus ins Grüne. Dort ist einer des anderen Meister, indem jeder die Zöpfchen eines Mitspielers durch Einfügen von Gräsern, Rispen, Blümchen und Ästchen verziert. Der Naturschmuck sollte ein Stück Stengel aufweisen, der in die Gummiringe hineingesteckt werden kann. Starke Stiele können länger gehalten werden als biegsame. Sobald sich alle Teilnehmer in beeindruckende Gras-Blumen-Indianer verwandelt haben, findet ein euphorischer Wald- und Wiesentanz statt.

Tipp:
Fotoapparat nicht vergessen!
Material: Haargummis

149 Sternchenwürfeln oder

Jeder Teilnehmer wählt eine der Augenzahlen des Würfels zu seiner Glückszahl. Diese Zahl notiert er als „Überschrift" auf einem Zettel. Nun wird mit dem Küchenwecker eine bestimmte Zeit eingestellt, je mehr Mitspieler, desto mehr Minuten. Dann geht's ans Spielen: Reihum und flott hintereinander wird gewürfelt. Jeder hat nur einen Versuch pro Runde. Sobald einer auf seine Glückszahl trifft, darf er sich hierfür ein Sternchen auf den Zettel malen.
Sieger ist derjenige, welcher beim Klingeln des Weckers die meisten Sternchen vorweisen kann.
Material: Würfel, Küchenwecker, Papier, Stifte

150 Bitte lächeln!

Heutzutage gibt es kaum noch Haushalte, die nicht auch eine Videokamera beherbergen würden. Zumindest kennt aber sicherlich jeder irgend jemanden, der solch ein Gerät besitzt. Sobald das Ding geladen ist, heißt es „Film ab!" Jedes Gruppenmitglied darf irgendein Kunststück zum Besten geben und sei es auch nur das Wackeln mit den Ohren. Einen Tag lang wird alles aufgenommen, woran sich die Gruppe später gerne zurückerinnern wird, wie z.B. die Meute bei Tisch, der Gruppenleiter, wie er seine Glatze mit Lichtschutzcreme präpariert, Sandschlachten, akrobatische Einlagen, Grimassen schneiden, der Spaziergang zum Ententeich usw.
Besonders motivierte Jungfilmer basteln optisch ansprechende Plakate mit Titeln zu den jeweiligen Szenen. Diese Texte werden ebenfalls vor die Kamera gehalten und verleihen dem Gruppenfilm einen Hauch von Professionalität.
Also, bitte recht freundlich – oder?

Tipp:
Videokameras kann man übrigens auch tageweise bei einschlägigen Geschäften ausleihen!
Material: Videokamera, Plakate, Stifte

151 Kaugummibilliard

Eine Tischplatte (oder ein großes Brett) wird mit ca. 6 cm hohen Pappstreifenrändern versehen (vgl. Skizze), dabei genügen wenige Klebestreifenstücke, um die Pappe beidseitig zu fixieren. Dann werden die Ränder unterbrochen, indem man mit der Schere einfach Lücken hineinschneidet. Soviele Teilnehmer, soviele Lücken. Hinter jeder Lücke wird an der Tischunterseite ein Plastikbecher festgemacht – ebenfalls mit Klebestreifen.

Freizeitspiele 131

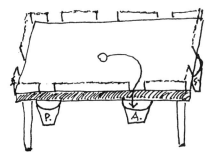

Fertig ist der Billiardtisch. Jetzt benötigt man nur noch eine stattliche Anzahl an runden Kaugummikugeln oder Glasmurmeln, sowie ein paar Queues in Form von Stöckchen. Und schon darf gezielt werden: Jeder Spieler entscheidet sich für eine spezielle Lücke, das „Loch". Dort hinein versucht er eine Kugel zu versenken. Auskunft über den besten Spieler gibt die Ausbeute an Kugeln in seinem Becher.

Tipp:
Zielbecher mit Namen beschriften, dann gibt es später keine Unklarheiten.
Material: glatte Tischfläche oder großes Brett, Pappstreifen, Klebeband, Schere, Plastikbecher (z.B. Jogurtbecher), Kaugummikugeln oder Murmeln

152 Gestik-Memo

Alle Teilnehmer bilden einen Kreis. Der Starter stellt eine eindeutige Geste oder einen mimischen Ausdruck dar. Der Kreisnachbar muss nun diese Geste nachstellen und sich gleich darauf eine zweite neue Geste einfallen lassen. Der dritte Spieler übernimmt nun diese zweite Bewegung des Vorgängers und liefert wiederum eine weitere dazu. Mit ihr beginnt der vierte Teilnehmer und erfindet eine neue dazu usw. Grins-hüpf, hüpf-schluchz, schluchz-schiel, schiel-nick ...
Man stelle sich nur noch vor, dass ein uneingeweihter Passant zum Fenster hereinspitzelt und Zeuge dieser seltsamen Zeremonie wird!

Tipp:
Geübte Grimassenschneider können auch folgende Regel einführen: Derjenige, der gerade an der Reihe ist, muss zunächst alle vorangegangenen Gesten und Grimassen nachmachen, bevor er selbst eine eigene Idee vorstellt!
Material: –

153 Ballonstaffel

Mitten auf der Wiese liegt ausgebreitet eine Decke. Jeder Teilnehmer benötigt einen aufgeblasenen Luftballon und einen kleinen mit Wasser gefüllten Ballon. Beide werden mit dem Namen des jeweiligen Spielers beschriftet (Filzstift oder Kugelschreiber).
Nun werden alle aufgeblasenen Ballons in etwa gleicher Entfernung von der Decke abgelegt. Durch Werfen mit der Wasserbombe versucht jeder Spieler seinen eigenen Ballon voranzutreiben. Dabei geraten die leichten Flugobjekte natürlich schnell auf die schiefe Bahn! Doch mit Geschick und Geduld wird es sicher gelingen, den Luftballon dem Ziel Stückchen für Stückchen näher zu bringen. Sieger ist derjenige, dessen Luftballon als erster auf der Decke zu liegen kommt.
Material: Decke, Luftballons

154 Das Restaurant zur Freude

Im „Restaurant zur Freude" sind alle herzlich willkommen, die Lust auf ein geselliges Beisammensein haben und überdies einen gesunden Appetit mitbringen.
Eröffnet wird dieses neue Lokal auf Nachfrage. Jeweils zwei oder drei Gruppenmitglieder übernehmen die Organisation. Schließlich müssen bevorzugte Gerichte erfragt, Rezepte ausgewählt, Lebensmittel eingekauft und erster Koch und Helfer bestimmt werden usw. Dann geht es ans Werk. Doch die Art der Speisen ist nicht alleine von Bedeutung. Auf das Ambiente legt dieses Restaurant

nämlich größten Wert: Wie wäre es mit farbig verhängten Lampen, selbstverzierten Servietten, Tellergarnierungen aus Laubblättern mit Marmelade- Sahnehäubchen und essbaren Tischkärtchen aus mit Lebensmittelfarbe beschrifteten Oblaten? Der Phantasie sind keine Grenzen gesetzt. Denn im Restaurant zur Freude dürfen einmal alle langweiligen Konventionen gesprengt werden. Es soll nach neuen Tafelfreuden gesucht werden.

Wenn dann beispielsweise zur Nachspeise Apfelschnitze mit brennenden Wunderkerzen offeriert werden, kann man tatsächlich von einer zündenden Idee sprechen.

Guten Appetit!

Material: Lebensmittel nach Wunsch, diverse Materialien

155 Glücksfenster

Ein Glücksfenster ist ein ganz normales Zimmerfenster, das anlässlich eines besonders tristen und verregneten Tages mit leuchtenden Farben verschönt wird.

Mit Fingermalfarben lassen sich tolle Wolkeneffekte oder Schneelandschaften zaubern, dazwischen leuchten Farbmosaike aus bunten, zerschnittenen Plastiktüten. (Auf einer durchsichtigen Plane aufgeklebt erspart man sich später die Entfernung von Klebestreifenrückständen!) An Angelschnüren kann man Motive aus Metallfolie vom Fensterrahmen herabbaumeln lassen. Gegenständliche Zeichnungen machen sich besonders gut, wenn sie mittels Folienschreibern auf Klarsichthüllen gezeichnet und dann in den bunten Hintergrund eingebettet werden. Den Fenstersims zieren vielleicht bemalte und lackierte Steine und Trockengestecke in Knetmasse. Auch Faschingsflitter in Tapetenkleisternestern auf der Fensterscheibe verfehlen nicht ihre Wirkung.

Wenn sich's die ganze Gruppe dann nach getaner Arbeit vor diesem Fenster gemütlich macht, soll es draußen regnen, soviel es will. Denn wer kann schließlich noch eine solche Aussicht genießen?

Tipp:
Mit einem speziellen Glasschaber lassen sich übrigens alle künstlerischen Rückstände wirklich problemlos entfernen, und die Scheibe ist wieder frei für ein neues Glücksfenster.
Material: Fingermalfarben, Plastiktüten, Angelschnüre u.Ä.

156 Doppelt gemoppelt

Ein spannender und lustiger Zeitvertreib ist das Flechten von Bändern zu einem Zopf. Zu langweilig? Nein, der Reiz der Sache liegt in ihrer neuartigen Technik. Diesmal flicht nämlich die linke Hand einer Person gemeinsam mit der rechten Hand einer anderen Person. Die untätige Hand muss einstweilen hinter dem Rücken versteckt werden. Welches Paar wohl ohne zu mogeln den gleichmäßigeren und längeren Zopf flechten kann?

Tipp:
Die Bänder werden verknotet und zur Fixierung einfach durch eine Stuhllehne oder Ähnliches geschlungen.
Material: Bänder in unterschiedlichsten Farben

157 Straßenmaler oder

Um Straßenmalerei zu betreiben benötigt jede Gruppe wenigstens eine Plastikflasche mit Dosieraufsatz (z.B. leere Spülmittelflasche). Ein Mitspieler wird zum Straßenmaler erhoben. Er drückt auf die mit Wasser gefüllte Flasche und zeichnet mit dem Wasserstrahl eine beliebige Figur oder einen Gegenstand auf den Asphalt. Die Umstehenden beobachten das entstehende Gemälde und dürfen laut vermuten, worum es sich da handeln könnte. Jedes richtig gedeutete Motiv bringt dem scharfen Beobachter 10 Punkte ein.
Besonders spannend ist dieses Spiel an einem heißen Sommertag, wenn die Sonne vom Himmel brennt und damit rasch die feuchten Spuren wieder auslöscht.

Tipp:
Besonders lustig wird es, wenn zwei Gruppen gegeneinander antreten, wobei jede Gruppe für die andere Partei Kärtchen mit Begriffen vorbereitet, die der jeweilige Maler dieser Gegnermannschaft nun zeichnerisch umsetzen soll.
Material: Plastikflaschen mit Dosieraufsatz (z.B. leere Spülmittelflaschen)

158 Sonne und Meer

Ein Spiel für beliebig viele Teilnehmer, bei dem es auf Konzentration und Reaktionsvermögen ankommt.
Ein Spieler nennt ein Wort, z.B. Sonne. Der nächste Teilnehmer in der Runde muss nun ganz fix sagen, welches Wort ihm in den Sinn kommt, wenn er „Sonne" hört, z.B. „Meer". Ein dritter Spieler nennt seine Assoziation zu Meer, vielleicht ist es „Italien". Italien – Pizza – Herr Mozarella – Tomaten – usw. usw. So setzt sich das Spiel laufend fort. Es kann reihum oder auch kreuz und quer gespielt werden, so lange, bis keinem mehr etwas einfällt. Und das kann wirklich ewig dauern.
Material: –

159 Klecksjagd

Die Klecksjagd ist ein farbenfrohes Fangspiel für schnelle Sprinter an warmen Sommertagen. Benötigt werden Fingerfarben, für jede Spielrunde wird ein spezieller Farbton gewählt. Die Teilnehmer treten nach Möglichkeit in Badekleidung an.
Ein Spieler, der Fänger, greift mit den Fingern beider Hände z.B. in das gelbe Töpfchen. Auf ein Startsignal hin saust die Gruppe los, die Jagd innerhalb eines zuvor festgelegten Feldes beginnt. Der Klecksjäger versucht, so vielen Spielern wie möglich einen gelben Abdruck zu verpassen. Sieger ist derjenige, der dem Jäger so geschickt ausweichen kann, dass er ohne Farbmarkierung davonkommt. Er wird der Farbjäger der nächsten, vielleicht roten Klecksjagd.

Tipp:
Noch spannender wird es, wenn der Farbabdruck auf einem bestimmten Körperteil (z.B. Rücken) hinterlassen werden soll!
Material: Fingerfarben

160 Rückenrätsel

Rückenrätsel ist ein beliebtes Spiel, bei welchem es um das Erraten von Personen, Berufen, Tieren oder Gegenständen geht.
Die Gruppe fertigt gemeinsam so viele Zettel mit Begriffen an, wie Spieler mitmachen. Die Lose werden mit dem Gesicht nach unten auf einen Tisch gelegt. Jeder sucht sich nun eines aus. Der Spielführer befestigt mittels Klebestreifen das gewählte Los auf dem Rücken des jeweiligen Spielers, der keine Ahnung davon hat, welcher Begriff auf seiner Rückseite zu lesen ist. Jetzt stellt sich der erste Kandidat in die Mitte des Kreises und dreht sich einmal um die eigene Achse. Die Umstehenden erlesen das Rückenrätsel und können dem Spieler somit Rede und Antwort stehen, geantwortet werden darf allerdings nur mit „Ja" oder „Nein". Der Rätselträger versucht jetzt nämlich durch geschicktes Fragen die Lösung herauszufinden. Zwanzig Fragen sind gestattet. Findet er innerhalb dieser Frist den gesuchten Begriff, so erhält er tosenden Applaus und darf sich das Schildchen durch ein neues ersetzen lassen. Bleibt des Rätsels Lösung im Dunkeln, versucht der Spieler im nächsten Durchgang noch einmal sein Glück.

Tipp:
Zu Anfang fällt das Spiel leichter, wenn man sich auf ein Themengebiet einigt. Werden auf den Kärtchen z.B. Namen berühmter Persönlichkeiten notiert, könnten folgende Fragen hilfreich sein:
Bin ich eine aktuelle Berühmtheit? Bin ich männlich? Bin ich aus der Politik bekannt? usw.
Material: Papier, Stifte, Klebestreifen